新装版
喪失の悲しみを越えて
新しい旅立ちへのサイコセラピイ

フランシス・マクナブ 著
訳者代表 福原眞知子

Life after Loss
Getting over Grief
Getting on with Life

Life after Loss

Getting over Grief
Getting on with Life

by

Francis Macnab

Copyright ©1989 by Francis Macnab
This book is published in Japan by arrangement with Millennium Books
of 3/32-72 Alice Street, Newtown, Sydney Australia.

はしがき

　あらゆる文化の人びとに共通の基本的な体験があります。それは人はみな喪失の悲しみを味わうということです。身近な人たち，財産，家庭，職場などは私たちの一部であり，また，私たちはそれらの一部でもありますから，私たちがそれらを失ったり，別離を体験したりすると，その喪失感は何日も何日もいや，何カ月も何年もつづくかもしれません。

　私たちの心は混乱します。記憶は容赦なく再現され──私たちの気分や情緒は欝から怒り，無力感から苛立ち，冷静な対処から自暴自棄の狂乱状態に，というように変わります。仕事が手につかないこともあります，眠れないこともあります。また，食欲がなくなり，友人その他相互に影響しあう社会的なものすべてから身を引いてしまうこともあります。このような場合，その苦痛から逃れるためにアルコールや薬に頼ろうとする人もいますし，また別の破壊的行動をとる人もいます。

　私たちは愛するものを放棄することを望みません。私たちは喪失や死別による精神的／情緒的痛みを耐えることを望みません。それにもかかわらず，喪失はすべての人に影響を与えるものです。中にはそれを切り抜け，生きていく人もいます。しかしいつまでもその悲しみからぬけられないでいる人もいます。そういう人は，自分は悲しみつづけなければいけないのだ，自分の喪失が生涯を通しての重荷になるのは正当なことなのだという確信すら抱くようになるかもしれません。

　本書ではもう一つ別の見方を提示しています。私たちの喪失は重大ではあるが，その喪失を乗り越えて，それまでとはちがった眺め方をし，エネルギーを異なる方向に向けて生き抜くという道もありましょう。喪失はけっして忘れられはしないでしょう，しかし，以前よりももっとそれを前向きに，そして建設的にそれを思い出すことはできるでしょう。

　30年間，私は，人びとがそれぞれの喪失に対処するのを援助してきました。

ある種の喪失は壮絶であり，破壊的であり，たいへんな苦痛をもたらすものでした。またある種の喪失は人びとの日々の生活に静かに浸透しているものですが，それを体験している人にとってはたいへん重要なものでした。本書ではそのようなさまざまな種類の喪失を取り上げています。そして，人びとがいかにしてそれに対処し，彼らの内的なものの充実―強化をはかり，自らが援助者となり，さらに他の人にも手をさしのべることができるようになる方法を紹介しております。

著者近影

　本書は心理療法家と患者／クライエントが共同して悲しみを克服し，人生を歩む道を模索した臨床体験をもとに書かれたものです。

　翻訳を通して本書が，喪失に起因する痛みや不幸からすくわれる道を模索しておられる日本の読者に読んでいただけることをたいへん光栄に存じます。お役に立てれば幸いです。

　本書の翻訳に当たり，福原真知子教授とその共同翻訳者の方々が入念な仕事をしてくださったことをたいへん感謝しております。また，私の著書を日本の読者のためにもと，取り上げてくださったお心づかいに対してお礼を申し上げます。

フランシス・マクナブ

目　次

はしがき ………………………………………………………… i

序 ……………………………………………………………… 1
1章　悲嘆の体験 ………………………………………… 15
2章　悲嘆の言語 ………………………………………… 29
3章　痛みの感情：復帰への目標 ……………………… 37
4章　新しい現実 ………………………………………… 47
5章　考え方について …………………………………… 57
6章　心のなかの思い …………………………………… 67
7章　心の焦点づけ ……………………………………… 85
8章　身体の反応を類別する …………………………… 93
9章　いかに行動すべきか ………………………………115
10章　ライフスタイルと未来 ……………………………139
11章　宗教の占める位置 …………………………………149
12章　最後の儀式 …………………………………………159
13章　愛情の絆と愛のあり方 ……………………………183
14章　よりよい取り組み …………………………………205

参考文献……………………………………………………213

訳者代表あとがき ……………………………………………217

心の通る径
そこは草木に覆われて，
視界をふさぎ，
どこまでも夜。
けれど人は，そこから抜け出す。
人間の最高に輝かしいはたらきは，
そんな夜から生まれる。

　　　　　　　エリー・ワイゼル

序

私を殺さないものが私を強くする。

（フリードリッヒ・ニーチェ）

　私は自分の人生におけるある決定的な時に，スコットランドのアバディーンから遠くないバンコリーの橋の上に立っていた。フュー川はこの地点で急流となる。その流れが，層をなす大きな岩の上をほとばしり滝のようになって落ちるとき，泡立つ水は大きな渦となる。

　鮭は自然の呼び声を無視して川底にじっとしているほうが楽かもしれないのに，実際にはその反対の行動をする。鮭は急流に逆らって上流に向かって跳ぶ。岩の層，岩だな，裂け目，割れ目など，無理とも思える障害を跳び越えては倒れる。そしてあたかも新しいやり方を考えているように，じっと身を沈め，また次の跳躍をする。

　岩を越え，流れをさかのぼって，鮭は目的地に着く。その骨の折れる旅は終わる。その時，新しい世代，もうひとつのライフサイクルがはじまろうとしている。

　ジョン・オーモンドは『鮭』という詩を書いている。

　　……百たびも
　　岩のハードルに向かって
　　鮭は突進し，つき当る，
　　たたきつける水に押し返されても
　　希望を捨てない。
　　真実を貫くために張りつめて
　　身をくねらせ，つき進み，跳ねる，
　　踏み車のように単調な飛躍の不思議に

2
自然の……
幻想を抱いて

　人間は生きることのストレスに対応するとき，川底にじっとして，そのまま海へ流されてしまうことがある。しかし時には人間も鮭のようになることができる。まるで大きな自然の呼び声に呼応するかのように，上流に向かってさかのぼり，辛い出来事や障害を通り抜け，跳躍をつづけることもある。上流の目的地にたどり着くとき，人間は天命の一部を果たし，そこにもうひとつの命がはじまる。

　鮭の行動は人間を勇気づけるものではあるが，現実はもっと困難で苦しいことが多い。私たちがここで特に考えるのは，喪失のストレスと悲しみであり，どうしたらそのような苦しみを乗り越え，できればその過程で強く幅広い人間になれるか，ということである。

　喪失の深い悲しみはたいせつな人の死ともっとも強く結びついている。しかしその他のたくさんの出来事や経験も，喪失感と悲しみという苦悩をもたらす。拒絶，別離，離婚，孤独，ホームシック，家族や住み慣れた場所や母国語を捨てて難民や移民になること，などの心的外傷(トラウマ)に対処することは，死を経験する以上に難しいと語る人もいるだろう。人生の移り変わりを通過し，自分が年をとっていくのに気づくとき，あるいは仕事やさまざまな組織で高い地位にあり，長年積極的に活動した後に退職したという状況に順応しようとするとき，ひどい混乱と不安を経験する人もある。あるいはまた，強く抱いていた希望と期待を失い，たいせつな人間関係のなかに亀裂を発見し，辛い記憶，将来への不安，変化の速さなどに傷つく人もある。

　これらのストレスのなかには，外部から押し寄せてくるものもあれば，正常な人間のライフサイクルにとって必要であり，待ち望まれるものもある。あるいはまた，人間の成長と幸福のためには強い障害となるストレスもある。それは，あるストレスに関連して心の内部に新たなストレスを創りだし，多くの問題をそれに結びつけてしまうために，さらに多くの問題が起こる場合である。

　喪失の深い悲しみは辛い経験である。私たちは誰でも肉体の痛みは知っている。できるかぎり早くそれを取り除きたいと思う。しかし情緒的痛みはもっと

絶え間なく私たちを襲い，もっと深く，もっと全体に影響を与え，痛みが過ぎ去ったずっと後まで，そしてずっと遠くまで影響を残す。私たちはしばしば情緒の痛みとその扱い方に困惑する。どうしたらそれに打ち勝つことができるだろうか。肉体の痛みについては，「治った」ということができる。痛みが去った後ではそれがどんなものであったかはっきり記憶していない。それを再び思い浮かべることはむずかしいだろう。ところが情緒の痛みについてはそうはいかない。ちらりと見た写真，ひとことの言葉，ふと思いだしたことなどが，初めて心的外傷を受けたときよりもさらに悪い情緒的状態のなかに私たちを投げ込むことがある。情緒の痛みは心的外傷と直接に触れても触れなくても起こる。それは想像や感情移入，ある話をすることなどによっても起こり得る。その話が記憶されてさえいれば，それは聞き手とその周囲の人びとのなかに，長くつづく強い反応を呼び起こす。私たちはこのことに一種の満足感と喜びを経験することがある。それは芝居やオペラや音楽のもつ喜怒哀楽を共感するときである。

※

　本書で私が述べようとしているのは，喪失の深い悲しみという情緒の痛みをできるだけ早く取り除くにはどうしたらよいか，その方法についてである。このタイプの痛みに関しては，持続させなければならないという神聖なものは何もない。私たちはそれに打ち勝って生きていかねばならない。現在までにいくつかのアプローチがおこなわれた。ある者は，死別による深い悲しみの過程にだけ注意を向けた。またある者は，深い悲しみを抱えた人びとがそれに関連するさまざまな現象にどう対処したかを調べ，喪失の悲しみの段階の道筋を組み立てた。悲しみの原因が何であったか，死にたいする悲嘆の経過はどうであったかというのは，近親者に先立たれた人びとを観察した報告に基づくものであり，その人たちとの感情的同一視が基になっていることもしばしばある。

　本書はそのようなアプローチの大きな第一歩である。できるだけ短い時間内でどこまで回復するか，その目標をはっきりと述べる。心的外傷後のストレスによる混乱した心理状態に対応するために私たちの知識と経験を集め，人びとがその目標に到達するのを助ける方法と，配慮すべき範囲について述べる。本書では，経験に基づいて深い悲しみにたいする姿勢を展開するだけでなく，人

びとを悲嘆の痛みから解放するための知識と手順の枠組みと中身を示す。

　喪失の悲しみに対処するための従来のアプローチは，不本意ながら，エネルギーの流れを遮ったり通したりすることに集中する生物学上のモデルに従ってきた。深い悲しみとそれに関連するいろいろな症状は情緒のエネルギーを伴うことはまちがいない。しかしさらに包括的な姿を把握するためには，喪失というものが，情緒，人間関係，身体，精神，無意識，そして神経学の面からどのように解釈されるかを考えること，そしてそのための情報がどれほど得られるかを見きわめることが必要である。情報にもとづくアプローチは，苦しんでいる人びとの健康と幸福に私たちが個人的にどうかかわり，どう責任をもつかという点で直接的なものである。

　喪失を，課されたもの，耐えねばならないものと考えるのではなく，苦悩する人に焦点をあて，その人がリハビリテーションと新しい出発への過程に責任をもって積極的に参加することを期待しよう。

　以前のアプローチでは，人間は自分の心的外傷や喪失の，そしてそれにたいする自分の反応の犠牲者であるという見方が一般的であった。「人が絶対に乗り越えることのできない痛みというものがあります」と神託のように言いきっても差し支えなかった。しかし，同じ心的外傷に直面した人たちが示す反応は実にさまざまであるということを私たちは知っている。相手についての情報にもとづくアプローチを通して，私たちはその人の姿勢，考え，行動を変え，心的外傷とそれにたいする心の反応にもっと建設的に対処できるように援助することが可能である。人は自分に影響を及ぼすものにどう反応し，自分の世界観と一般的な人生哲学から見て，人生の出来事と自分自身，そして物事の本質をどう理解するかを問われるときに重要な役を演ずる。

　本書での私の考えは，情緒の痛みは――その他の痛みと同じように――早期に取り除き，リハビリテーションをおこなうことによって征服すべきであるということである。これが早期の優先事項であり目標である。これを実行するためには，深い悲しみを経験した人の言葉に耳を傾けることがたいせつである。そうすればそこに言い表わされた固有の痛みを適切に，効果的に取り除くことができる。

　喪失の体験と同時に私たちは新しい現実に直面する。その二つのものは私た

ちが予期しなかったもの，望まなかったものである．それを避けようとしていろいろな方策を用いる．しかし私たち1人ひとりが新しい現実に向き合い，それに話しかけなければならない．その現実は完全に否定的な運命ではなく，一つの挑戦が形をとり，建設的に組み立てられていくものと見るべきである．

　その過程でストレス，自分自身，自分のもつ手段，人生そのものなどについての新しい考えが生まれる．そのときには必然的に，記憶，想像，心のなかの思いが次つぎに現われ，私たちは再び病的な不安に陥り，立ち向かうことを避けようとする．そのようなときには，内的な心の思いを再構成し，つらい記憶を和らげる方法を考えることができる．心というものはしばしばコントロールがきかなくなる．理性を失って不安と苦悩にさいなまれる結果，日常の務めが果たされず，自信が持てなくなる．どのようにして心を焦点の合った状態に保ち，自信と自尊心を回復することができるかということを本書で述べるつもりである．

　喪失の深い悲しみと痛手を体験してしまった人は，自分の体験を反映し，それを持続させ，再び心に浮かび上がらせるような行動をとりはじめる．私たちはその行動を途中でさえぎり，立ち向かう行動に変えていくことができる．心を侵食する力をもつ喪失というものが，心のなかにもたらす対話とそれにまつわる気持ちに対抗するためである．

　重大な喪失を体験すると私たちのライフスタイルには必ず影響が現われる．ライフスタイルは個人的な経験にとどまらず，社会によってつくられ，承認されるものである．したがって私たちの喪失の体験は，個人のライフスタイルと社会のライフスタイルの両方に影響を及ぼす．喪失にうまく対処することは二つのライフスタイルの両構成につながるだろう．

　宗教が伝統的に喪失（とくに死に関連するもの）を処理するものの一つであった．本書では宗教的な考え方についても意見を述べている．葬儀というものが，それに応じる個人および社会の再評価に関連して，どういうものであり得るかということを考え直してみる．

　喪失の深い悲しみにたいする反応は必然的に，愛情，愛着という人間の絆にかかわるものである．その絆がどのようにして切れたり，再び作られたりするかということである．本書の締めくくりは人間の愛情についてである．私たち

はどのようにして失うことにたいする心の準備をし，どのようにして愛についての困難な経験をしながらも前進し，人生の質を高めることができるかを考える。

　要約するならば，本書では思案と行動に関することが次のような順で示される：

　1章　悲嘆の体験
　2章　悲嘆の言語
　3章　痛みの感情：復帰への目標
　4章　新しい現実
　5章　考え方について
　6章　心のなかの思い
　7章　心の焦点づけ
　8章　身体の反応を類別する
　9章　いかに行動すべきか
　10章　ライフスタイルと未来
　11章　宗教の占める位置
　12章　最後の儀式
　13章　愛情の絆と愛のあり方
　14章　よりよい取り組み

※

　喪失のなかには私たちにはほとんど影響を及ばさないものもある。（私たちはそれを難なく切り抜け，人生の経験のなかに吸収する。）その反面，長く苦しい影響を与える喪失もある。ある教師がはじめて赴任した学校で，1人の子どもに罰を与えたが，そのときにまちがいをした。彼はちがう子どもに罰を与えてしまったことに後で気がついた。罰を受けた子どもは心に傷を受け，数年間を病院で過ごした。教師は自分がその子どもの心の病気を引き起こしたと思った。彼は自分が信じられなくなり，自分のまちがいと，自分が子どもに負わせた傷のことを思ってひどく心を痛めた。この痛みは生涯彼につきまとい，彼の決断，人間関係，行動に影響を与えた。

　開業して間もないある若い医者が，1人の若い女性の病気について誤った診

断をした。女性は死んだ。この過失の痛みは彼が引退した後も長く彼に影響を与えた。彼はその誤診によって自分が医者としての能力と権利を失ったと感じ，研究所に引っ込み，直接患者に接しないことにした。それでもなお開業の免許を放棄しなかった自分は完全な人間ではないと感じつづけ，結局人生が自分の思ったとおりの悪い結果になるだろうと思っていた。なるほど彼は一生を通じていろいろな病気にかかり，くり返し起きる意気消沈のために家庭でも職場でも不幸な人になってしまった。

　過去においては私たちは心的外傷に苦しむ人に長時間及ぼす避けられない影響について，強い憶測をすることが多かった。そしてその人の反応と至福にとって重要な役を演ずるものがあることに気づいていなかった。私たちは当然のことながら，心的外傷にたいする個人の反応を心配しその反応と外傷との関係に直接的な関連をみてきた。そしてその反応の一部であり，それを支えているかも知れない他の要因には必ずしも注意をはらってこなかった。

　深い悲しみという反応はけっしてただ一つではない。たくさんの悲しみ方がある。それらはすべて，心的外傷後のストレスによる症状と障害との関係において現われる。心的外傷とその後の症状は，簡単に，偶然に結びつくものではないと考えられるようになった。症状の軽減には次のようなことが関係する。

1．心的外傷を受ける前のその人の態度：自尊心と自己価値，内面的な力，姿勢，人生についての価値観と哲学。
2．その人の過去の歴史：ストレスについての過去の経験，発達上の経験，モデルとしたもの，人生への順応。
3．その人が心的外傷を受けとめ，その重要性を検討し，それに対処する自分の能力を評価する方法。
4．心的外傷によって生ずる混乱と大きなストレス，影響を受ける人生の範囲，持ち得る手段のレパートリー。
5．心的外傷が起こった時およびその後での社会的状況，得られる援助，重要な人間関係およびそれをどのように理解し，経験し，役立てるかということ。
6．対処する手段のレパートリーと実際に役立つ方策，人生の諸問題を扱う姿勢および情緒の幸福を明確に感じつづける能力。

7．進歩し変化する社会的環境——その人が苦しみを乗り越えるのを助け，さまざまな明白で微妙なやり方で症状の再発に備えて準備する。
　　8．症状の経過に影響を及ぼす想像，思考過程，意識的あるいは無意識的な希望——その人を解放する，あるいは退行的考え方や行動をとらせる。
　　9．出来事の記憶，記憶の意味および記憶がその人の人生にたいしてもつようになる象徴的，比喩的な意味。
　　10．変化にたいする社会の備え。

✻

　その人の痛みを強調する人間の重要な問題のなかには，個人の努力には答えないものがあるということを見落とすこともある。敏感な反応，介入に加えて，社会そのものの変化，社会の姿勢，儀式と行動の変化なども，よりよい対処，幸福，健康を左右する。
　心理学と臨床実践は，喪失の悲しみに私たちがもっと有効に対処できるようになるため，知識と経験をいまやひとつにまとめた。
　情緒の痛みは人びとの健康と気力，感情と機能，人生の喜びと幸福の感覚を損なう。その痛みの後には切望と苛立ち，涙と空しさ，身体上のいろいろな感覚，不快感と吐き気などがしばしば起こる。意気消沈の状態がそうであるように，深い悲しみは世界にたいする関心を失わせ脅迫観念をもたせる。その後には活動と興奮の減退，睡眠障害あるいは長時間の倦怠または深い眠りがきて，食欲を失ったり，むさぼるように食べたりすることがある。そこにあるのは苦悶と自責，罪の意識と自己批判，希望的，魔術的観測である。
　「あんなことが起こりさえしなければ。」
　「こんなはずではなかったのに。」
　「もし……だったら。」
　「あと1秒早かったら……。」
　「あの人があんなことをしなかったら……。」
　情緒の面からみて，悲嘆のなかにある人は悲しんでいるか，怒っているかであろう。不機嫌で引っ込み思案，あるいは攻撃的で要求が多いかもしれない。あらゆる援助の申し出をありがたく思うかもしれないし，何によっても，慰められないかもしれない。精神の問題として，彼らは人生の意味と目的を問うか

もしれない。人生のあらゆる不正と不公平に憤るかもしれない。彼らは自分を，苦しむために選ばれた標的と考えるかもしれない。彼らは神を信じたり宗教に従うことの意味を問うかもしれないが，また，来世についての確信をもち，死者と交信することができると極端に思いこむかもしれない。

　私たちは喪失の悲しみに関連する苦悶と痛みの大きさを認識する。その痛みと不安は大きな苦悩となり，悲しみにくれる人は必死になって他の人間関係に気持ちを移したり，何らかの解決を求めてさまざまな化学薬品に助けと慰めを見いだそうとする。このようなことが必要で役に立つ場合もあるが，時として，それはその人の身体や家族にたいして別の問題と新しい状況を生みだす。これは医原性の問題（治療によって起こるもの）として知られるものであり，それ自体が治療を必要とする。

✧

　喪失にたいする人びとの反応はひじょうに多様である。固定的な，あるいは予言できるような方法や段階は何もない。自ら重大だといえるような喪失を一度も経験したことのない人であっても，洪水で家と家財すべてを失ったときに，それにうまく対処することもある。

　ある女性が言った。「あんなことが私の身に起ころうとは想像したこともありませんでした。私は身近な人を亡くしたことはなく，失うという経験をしたことがありませんでした。私はとても幸運だったのです。ほんとうのところ，自分がとても幸運だったということに気づいたからこそ，その災難に立ち向かう力が私に与えられたのです。情けない顔をした子どもたちを見て私は言いました。『さあさあ，みんな！　お家がなくなっただけじゃないの。』そして私たちは皆で笑いました。それから，キャンパーを受け入れる準備をしている人の所へ行ったのです。」

　この女性の場合，災難に立ち向かおうとする気構えと，がんばろうという信念のほうが，家と家財すべてを失ったことよりも強かったのである。彼女の姿勢と十分な情報のおかげで，災害の後の問題は解決できる見通しがついたのだということがわかる。

　また別の女性であるが，彼女は5年にわたるレバノン戦争を経験した。彼女の家は二度爆撃を受けた。彼女の両親と2人の兄弟はその戦争のなかで死んだ。

多くの人が手足を失ったり死んでいったりするのを彼女は目のあたりにした。彼女と夫と2人の息子は何とか逃れることができ，オーストラリアに新しい家を建てることができた。このことは彼女にとっては驚きであった。ところが，息子の1人が18歳で自殺をした。彼女はひどいショックを受けた。数カ月のあいだ彼女はふさぎ込み，死にたいと思っていた。彼女を慰められるものは何もなかった。彼女は息子を失ったことばかりを考え，そのことにたいする自分の反応に圧倒された。以前，戦争という状況のなかで彼女は悲劇的な場面や喪失の悲しみに出会っていたにもかかわらず，自分の息子の死にぶつかったときにはまったく無力である自分に気づいて，驚いた。以前の喪失の体験を通してつけられた道があっても，それは特定の意味をもつ喪失を扱いやすくする手段にはならなかった。

同じストレスにたいし，家族の1人はたいへんに苦しみ，悩み，もう1人は平気で，意気揚々とさえしているということである。多くの人は習慣や風習に従ったやり方で反応する。しかしどのように反応すべきかはっきりとわからない人もいる——そういう人は他人の真似をする。読んだことのある本に書かれていたように行動する。さもなければ自分の身にふりかかった混乱状態をいっそうひどくする。心的外傷や喪失から速やかに回復する人もいれば，もっと時間がかかる人もいる。たくさんの大きな悲劇的状況を経験した後，充実した人生の流れにもどる人もいる。この人は悲しみの状態にもどったり，そのなかに留まったりする必要を感じない。一方，表面的にはもっと楽な喪失のために，何年もつづく自分の反応と心のなかの思いで動きがとれなくなる人もいる。

大規模な災害の犠牲者，元戦争捕虜，ユダヤ人大虐殺の生き残りとその子どもたちに私は会ったことがある。そのなかには，鮮明な記憶をもちつづけ不安を募らせている人たちがいる。そしてまた，今の状況——自分が何をしているか，自分は自分自身をどう感じているか——のほうがもっと重要なのだと思っている人たちもいる。記憶は薄らぎ，ばらばらになり，その人の伝記のなかの出来事に吸収される。反対に，人はある組織や新しい社会的状況に引き込まれることがあり，それが原因で心的外傷後の症状と苦悩が再発する場合がある。

私たちの仕事は，そのような情緒の痛みを克服する——痛みを放す——ための有効な方法を見いだし，痛みにしがみつこうとする気持ちを抑えて成長させ

ることである。一方では私たちは痛みを克服する必要性を認めているが，また一方では痛みが私たちにしがみつく――あるいは私たちが痛みにしがみつく――ことも無視できない。しがみつくことは，失った人または過ぎ去った出来事との絆を保つための方法，ただし不十分な方法である。それは私たちが死んだ人にたいして負っていると感じる罪の意識や義理を持ちつづける方法である。それはまた，生きている不完全な存在として自分自身を受け入れる方法でもある。痛みは，人生というものが，とりわけ自分の今までの人生がどのようなものであったかを比喩的に表現するものになる。

　多くの人が自分の痛みにしがみつくのは，それを放す方法を知らないからであり，教えられたこともないためである。私たちはその事実に注目する必要がある。多くの人はその行動の陰にある哲学とか仮説を通して考えたことがない。また，従うべきモデルをも持たないという場合もある。持っていても，それは痛みのモデルである。つまり，喪に服する方法として，あるいは喪失の悲しみは克服できないし，すべきでないということを表わす方法として，人は不必要な苦しみに耐えているのである。私たちが肉親に先立たれた人の役割と流儀を取り入れようとして悲しみと苦しみにしがみつくことは，人生と成長から自分を遠ざける偽りのやり方ともなる。

✧

　私たちが情緒の痛みを放棄しようとするとき，それを妨害するものは容易に見つかる。私たちの心的外傷のまわりにはイデオロギーとドグマが集まり，心的外傷に立ち向かうための有効な方法を用いるのを妨げる。1人の優秀な医者が次のようなことを言った。「子どもの死はけっして乗り越えられないものです。それはあらゆる死のなかで最もひどいものです。」それがあたかも普遍的な真理であるかのように述べられたが，私はそうは思わなかった。その医者自身，子どもの死を経験していることを私はまもなく知った。一種の閉鎖的なエリート意識が彼女のまわりに漂っていた。「もしあなたがそういう経験をお持ちでないのなら，それがどんなものか，どうしてわかるのでしょう。」死にはいろいろな種類があるというさらに大きなドグマの一部であるこのドグマによって，彼女は高い名声を得た。このドグマは，人の死に方は実にさまざまであるという見方と，それが起きた後の死の受けとめかたは人によってさまざまで

あるという比喩を混同している。それはまた，死という出来事と，その感じ方，すなわちある特定の時と状況での，ある特定の人のそれにたいする評価を混同している。

　子どもの死は「最悪の死」であるというドグマとならんで，私が考えるのは，父親に連れられて私の所にやってきた4人の子ども（8，12，15，16歳）のことである。その1カ月前のある静かな秋の夕方，子どもたちの両親は犬を連れて公園を散歩していた。革紐に犬をつないでいた夫は，犬がくんくんと臭いをかいでいるあいだ立ち止まっていた。1人の男が突然妻に飛びかかり，彼女の頭に強い一撃を加えるとバッグをひったくって逃げた。彼女は顎と脳の損傷で入院した。そして2日後に死んだ。夫の，そして子どもたちの悲しみはどんなだっただろう。この子どもたちの体験は，例の医者が自分の子どもを亡くした体験にくらべて重要性が少ないのだろうか。このような心的外傷への反応は一般論やドグマに従うものではなく，関係する個々人の認識と手段，心的外傷以前に存在した，あるいは存在すると感じられた絆，そして内的な力，創造，記憶，周囲のサポート，インスピレーションの源，などの要因によって決まるのである。

　さまざまなドグマの力を借りて，サポートする人びとのグループや同情する人たちの組織をつくっている人もめずらしくはない。心的外傷を受けた人びとが自分のドラマを再び話すためにドグマを用いるとき，ドグマは劇的効果のある表現になる。こうして演じられる彼らの人生についての象徴的，比喩的表現にくらべて，心的外傷そのものは二次的な問題になることもある。同様に，医者，セラピスト，援助者たちはその劇的表現の一部となる。実際彼らは自分たちのまわりに劇場を建てて，自分に与えられた役を演じはじめるのだ。

　死の大きさによって，それにたいする反応と回復の見通しにちがいがでると主張する人もいる。死の大きさとスタイルが人に影響を及ぼすことはまちがいない。数カ月間の苦しみを経験した老人が眠るように安らかに亡くなったときに，私たちは満足の気持ちを表わす。一方で私たちは，ユダヤ人の大虐殺の残忍さにはショックを受け，生き残った人，もうすこしで殺されそうになった人，あるいは極度の脅威からやっと逃れることができた人びとの苦悩というものを理解する。そのような恐ろしい経験をした人はけっしてそれを乗り越えられな

い，と私たちは言いそうになる。しかし，乗り越えた人もいるのだ！　私たちは死の大きさと性質にだまされて死そのものが究極的に異なり，死とそれに関係のあるイメージや記憶，また，それらに伴う憤りや嫌悪と向き合わなくてもよいのだと考えてしまう。ユダヤ人の大虐殺は人類史上最悪の恐怖であり，傍観者が何もせずに表面は共謀者となってしまった結果，事態はさらにひどいものとなったと，多くの人は言うようだ。しかしその人たちは，もっと大規模なアフリカの飢餓の恐怖とそこでの大ぜいの人間の死にたいする世界中の人びとの無関心さを見逃している。究極において，数百万のユダヤ人とジプシーの死は，同じ戦争による2000万のロシア人の死とちがうのだろうか。圧制の下での拷問による数千の死は，テロリスト組織の仕掛けた爆弾によって爆破された飛行機に乗っていた500人の死とはちがうのだろうか。数百万のカンボジア人の死は，ジェームズタウンの人びとの死とちがうのだろうか。結局，死は死であり，生き残った人びと，喪に服する人びとは死と向き合わねばならない。そして，死と恐怖の大きさを判断するよりも，死がどのような状況で起こったにせよ死は死であるという事実のほうが重要であることを認識しなければならない。

　ひとつの共同体としての私たちは，心的外傷の意識を人生の出来事と経験のなかに入れる傾向がある。私がタクシーに乗って空港へ向かっていたときのことである。ラジオから早朝のニュースが低く流れていた。運転手は前夜の悲劇のニュースをひとこと聞くと，ラジオのボリュームをいっぱいに上げた。「ひとりの青年が親類の5人を射殺，2人に重傷を負わせ，自殺しました。」犯人と犠牲者が誰であるかもわからないまま，放送局から全国にくり返し報じられる恐ろしい事件に私たちはショックを受けた。心的外傷の意識は私たちの心を強く捉え，人間はその犠牲者となることは避けられないこと，そしてそのような運命に直面したときは自分が無力であるため，それにうまく反応できないというように私たちは理解している。そのように考えているときには，人は喪失の悲しみからはけっして立ち直ることができないと深く強く感じ，機能してしまう。私たちが目にするものが，飛行機事故による500人の死か，ガス室の600万か，ロシア―ドイツ戦争による2000万か，一つの核爆発による6000万かによって，私たちはおそるべき差をつけて扱う。どんな場合にも希望的な姿勢をもつことを私たちは教えなければならない。それによって人の精神を強くし，美

と喜びと活力に満ちた環境を創造することができる。そしてそこから，内的，外的な人生の傷に対処する方法を変えていくことができる。

　本書はそのようなゴールに向けて書かれている。人びとが喪失の悲しみから立ち直り，これまでより早く人生の正常な流れにもどることができるようにすることが主眼である。私たちは心的外傷後のストレスにたいする反応と混乱を遮り，明白な，あるいは隠れた危険と重い犠牲を減らす方法を見いだす必要を感じる。それが可能であることを示してくれた多くの人を私は知っている。

　私たちの仕事は，人びとの受ける心的外傷と喪失，そしてそれに対応する反応を重大なものとして扱うことである。私たちは傷ついた存在として押し流されることもできる，あるいは鮭のように，自分のなかにあるものと，自分を越えたところにあるものに反応し跳躍しつづけることもできる。そして自分が世のなかのより大きなプログラムに参加するとき，それは努力に値するものとなる。

1章　悲嘆の体験

> 我々は準備が終わるまで生きることを待つわけにはいかない。生きることの最も顕著な特徴はその強制力にある。それは常に遅れることを許さない「ここ，そして今」の問題である。生は我々に向かって待ったなしで迫ってくる。
>
> （ホセ・オルテガ・イ・ガセット）

　彼女の父親はもう2日も行方不明になっていた。信じられないことである。彼女が生まれて20年このかた，父親は常識的な人間で彼のすることすべては予測ができた。その父親が何の前触れもなく消えたのだ。ケイトの不安は募るばかりだった。父は恐ろしい運命に遭遇したのでは。彼女がスーパーマーケットの駐車場に入ったとき，ラジオからミッチェル橋の下で男性の死体が発見されたというニュースが入ってきた。その時点で彼女は父親は殺されたと悟ったと述べている。行方不明という不安は突如慰めようのない悲しみに変わった。
　ケイトと父親との関係はつねに近しかった。むしろ父と母との関係より時にはよかったように彼女には思えた。この世の中に父を殺害し，いつも彼が通る道から55マイルも離れたミッチェル橋の下に父の死体を捨てる人間がいるなど，彼女は信じがたかった。警察は殺人犯に関する何の情報もつかめなかった。彼女と母親と2人の兄弟はその事件の話をくり返してはいらいらするばかりだった。ケイトは父の死の直前に何が起こったのか一瞬でも見られたらと思いつづけた。彼女はその場面を想像した。またその夢をみては泣いた。2カ月過ぎたとき，彼女の親しい友だちはもう立ち直る時期だと忠告した。それは彼女をいっそう悲しみに閉じこめた。ケートにはそこに何の救いもないように見えた。実際ケイトはどこに助けが必要なのか，またいかなる援助が彼女の状況を変えることができるのかわからなかった。
　彼女は考えるだけで吐き気を催す現実から逃避し，また救いようのない無力

感で精神的にうちのめされていた。彼女の感情，思考，心，そして行動のすべてが混沌として制御できない状態で，再び安定した楽しい生活がもどってくるとは彼女には考えられなかった。

❖

　トムとマンディも愛する家族の死による危機に直面していたが，ケイトの場合とはたいへんちがっていた。私がこの2人に初めて会ったのは，6歳になる彼らの娘クリスが骨癌で亡くなる3日前であった。彼らは近づくクリスの死にいかに立ち向かうか分からず相談にきたのだった。クリスの病気は2年半前に発見され，それからの入院生活は長く，癌は猛威をふるいさまざまの治療の甲斐もなく病状は進むばかりだったという。クリスは2人の最初の子どもだった。そのほかにも2人の子どもがいた。4歳になるロバートと2歳半のメリッサであった。トムには結婚をしている3人の兄弟がおり，マンディには結婚をしている姉妹が1人いた。両方の祖父母共健在で彼らは積極的に親族とかかわっていた。

　クリスの死が近づいたとき，誰もそれを受けとめる用意ができていなかった。あと1週間というときに，残された家族に救いが必要だとクリスは感じた。彼女は父親に「私はもうじき死ぬわ。死ねば私はもう苦しまないとそろそろみんなに知らせたほうがいいと思うの」と言った。トムはクリスが自分の死に際して嘆き悲しむ親族の援助者として彼を選んだことを知った。私はクリスに会ってほしいと頼まれた。彼女の身体は衰弱しきっていた。しかしその小さな顔を見ていると両親がやさしくさすってくれるのを，感じているのがはっきりわかった。彼女は何か言いたげだったが言葉にならなかった。そこで私たちは彼女のベッドを囲み話をした。トムとマンディは，私が彼女の墓の傍らで，彼女の死出の旅路平安を，彼らと共に祈る人間であるとクリスに告げた。2日前まではどうしてよいかわからなかった両親にとっては，この会話が最も心静まるものであった。

　4日後，私たちはクリスを埋葬した。私がその小さな墓に別れの言葉を告げるあいだ，マンディは私の右腕にすがり，トムは私のもう一方の腕にいた。トムもマンディもけっしてその悲しみから立ち直ってはいなかったが，彼らの人生を変えた，あの小さな命の存在を喜び，彼らに勇気とは何かを教えてくれた

脆い死の床にあった少女の素晴らしさを語った。

衝撃的な喪失に直面して，彼らはその態度，役割，行動の再組織を計った。それは死の床にあった娘の勇気により，感情の混乱を経てどうにもならない悲しみの気持ちを，対処でき得る明確な行動に変えることができた。

✧

レックスとジョアンには3人の子どもがいた。コリン23歳，モーリス20歳，そしてアラン18歳であった。私はアランが死んで1カ月後レックスとジョアンに会った。ある寒い冬の夜，アランは庭に出てガソリンをかぶり自分に火をつけた。炎と爆発音でレックスとジョアンは目がさめた。二階の寝室の窓にかけより見おろすと，アランが火だるまになっている凄惨な情景が目にはいった。恐怖と緊迫感に押しつぶされそうになりながら階段を走り降り，毛布で彼を包んだ。火が消えた時，彼らは何が起こったかを悟った。レックスはうめきながら死んでいく息子の変わり果てた身体をだいて静かに揺すぶった。

近所の人びとはその悲劇的場面を見に集まった。彼らはみな，アランがむら気な青年のように見えたことを知ってはいたが，誰もがアランの一家は教会にいく普通の良い家族だとのみ証言した。レックスとジョアンは彼のことを心配していた。両親はアランのことで3人の医師と1人の心理療法士の所へ相談に行っていた。彼が15歳になったとき，息子の様子が変ったことに気がついた。いままで以上に気分にむらがあった。コリンやモーリスとちがって，家族との関係もたいへん異常で，ここ3年ほど1人でいることが多くなってきていた。

レックスとジョアンはアランの死に対処できず，悲しみから立ち直れずにいた。その気持ちはたいへん複雑なものであった。「たしかに私たちは，何かどこかでまちがったことをしたにちがいない」と言った。そしてアランと彼らが何度となく示してきた究極的，破壊的行動の可能性を認めなかった人たちへの怒りから，「もちろん，彼らは私たちの言っていたことの意味がわかっただろう」と言った。

最初は，彼らはただはっきり正体がつかめない悲しみに押しつぶされていた。親戚，友人そしてカウンセラーは，拡散された悲しみには拡散されたはけ口が必要であるから「そのこと」について話すようにすすめた。しかしその苦痛と悲しみはぬぐえなかった。今彼らが直面している現実と，多くの過去の出来事

や思い出にまつわる高揚した気持ちとは区別する必要があった。彼らはすぐには元通りにはなれず，また徐々によい状態になってもいかなかった。彼らには絶えず特別の注意をはらっている必要があった。

私は『コーピング』(1985) のなかで急激な破局に対する反応について次のように書いた。

  26歳のジェーンはある朝仕事場へ向って新車のトヨタを運転して行った。まちがいなく登校途中とおぼしき7歳の女の子が道路を横切るのを見て彼女は仰天した。その子どもは左右も見ず後方のだれかに手を振っていた。その瞬間ジェーンはその子が危険だと感じ彼女を目で追っていた。そしてその4歳になる弟が興奮して姉を追って道をわたっていたのには気がつかなかった。

  4歳の子は道路に横たわっており，その姉が彼のところに走っていくのをバックミラーで見て，ジェーンははじめて人をひいたことを知った。彼女は大声で叫んだのを覚えている。その場から逃げ出さず止まる決心をした。彼女はヒステリー状態で悲鳴をあげながら道を行ったり来たりしていた。

  その場に集まった大人たちは死んだ子どもを生きかえらそうと懸命であった。3人はその出来事のためショック状態になっていた。その上，ほかの子どもの世話に手いっぱいで，4歳の子が玄関から抜け出したことに気がつかなかった母親がそこにいた。母親はショックを受け，悲嘆にくれ，そして罪の意識を感じていた。そして見知らぬ息子の殺人者にたいしては怒りと無感覚の気持ちが入り乱れていた。7歳の女の子は自分が手を振ったために弟が追いかけてきたと感じていた。その少女は自分がひかれそうになったこと，路上に見た忘れがたい恐怖，この大事をひき起こした原因は全部自分にあるというひどい罪悪感と恐怖，そしてジェーンにたいする絶大な同情で一杯になっていた。

  ジェーンとその少女はそこで劇的なはじめての出会を経験し，7歳の子どもは「心配しないで。あなたが悪いのではないの」と言いながらジェーンの後をついて歩いていた。しかしジェーンはその子どもに気がつかず，しまいにはヒステリー状態で2人は通りを行ったり来たりしていた。(p. 40)

悲しみ方やそれに対処する方法はジェーン，7歳の少女，死んだ子の母親，父親そして隣人，それぞれ異なるのは当然である。

ひどく衝撃を受けた人は助けを求めるが，援助のあり方も一つ一つ異なる。悲劇の中心にいない人の場合，助けを求めないことが多い。しかしその人たちのなかには，ひどくダメージを受けた人もおり，事件とその余波を自分の経験

と生き方に統合できず，苦しむ場合もある。

　私は99歳になる，元気で頭もしっかりしており，昔からユーモアのセンスのある伯母のことを思い出す。彼女は躊躇なく「もう死ぬ時期よ。十分生きました。ここにはもう何も私にはないの」と言った。

　彼女の家族は「100歳まで生きてください」とたしなめた。

　伯母は笑いながら「100歳までと言うけれど，自分がその年になれば，そんなことはどうでもよいとわかるでしょう」と言った。

　彼女の60歳になる息子が脳卒中で苦しんでいるとき，伯母は「かわいそうな息子。何もしてやれないわ。死んだほうが彼にとってよいのに」と言った。

　彼女は多くの死を見てきた。それで死を恐れない生き方が培われていったのだ。彼女にとって死は，今のところは延期されてはいるが避けられぬ出来事であった。彼女の息子の場合は死は望ましい救いであった。死は生の反対側に立ちはだかるものではなかった。彼女は自分にとっての悲劇でさえ神の摂理の一部として受け入れ，自分のなかに統合した。

　シェークスピアの『ロミオとジュリエット』で，ジュリエットは次のように言っている。

　　名前ってなにかしら？　バラと呼んでいる花を
　　別の名前にしてみても美しい香りはそのまま。

だがなんと呼ばれても，どんな形をとろうとも死は死である。でもそれは私たちに多大な影響を与え，理解しがたいことである。

❦

　カールとノラはヨーロッパからオーストラリアにきた。彼らの人生は悲劇の連続だった。子どもの頃2人は隣り同士であった。8歳のときもうすこしでアウシュビッツにつれさられそうになった。彼らの賢明な両親は子どもたちを大きな石炭箱にかくしその上に石炭を積んだ。家中探しまわられ，ほかの家の石炭箱は空にして点検されたが，彼らの隠れていた石炭箱だけは運よく調べられなかった。カールとノラは両親が連行される騒動を聞き恐れおののいていた。無言のまま2人は石炭箱のなかで何時間もじっとしていたように覚えている。彼らが出てきたとき，すでにまわりは暗く静かであった。彼らは町の反対に住むカールの伯母のところへ行こうとした。その途中またゲシュタポの検問にぶ

つかり，あわてて逃げお互いを見失ってしまった。彼らはドイツ軍のキャンプを二度も通ってもうすこしで命を失うところであった。

　6年後戦争も終わり，援護団体の援助を受けるため長い列をつくって待っていたとき2人は偶然にも再会した。カールはオーストラリアに移住すると彼女に告げた。ノラはオランダで出直す予定であった。そこで別れた2人は連絡をとりあっていたわけでもなかった。オランダでの生活はノラにとって悪くなる一方だった。はじめ彼女はアメリカに行く機会を得たが出発2日前に急に駄目になった。6カ月後，彼女はオーストラリアに行くことになった。彼女は大都市の学校の夜間清掃婦となった。そこで夜学に通っていたカールにまたしても出会った。1年後彼らは結婚した。そして3人の子どもができた。

　私がノラに会ったのは彼女がオーストラリアに来て26年後のことである。子どもたちは20歳，22歳，25歳になっていた。カールは輸入業者として成功していた。彼はいつも良い夫であり父親であったとノラは言う。彼は胃癌であと6週間の命であった。ノラは彼との別れなど考えられなかった。彼女は彼に，命の長くないことを告げられなかった。それを口にすることは，2人の特殊な関係とあり方が永遠のものでなくなり破壊されてしまうような気がした。

　息子と2人の娘はジレンマに陥った。子どもたちは父親に死の近づいたことを知らせ，父親は自分の死を悲しみ，尊厳を持って彼らに別れを告げて死んでいってもらいたかった。しかし母親は彼らに父親に死を告げることを禁じ，彼女自身そのときに備えての心の準備をすべて拒否した。そして自分とカールが両親を失ったときの悲劇的な状況を思い起こした。8歳の石炭箱のとき以来，2人ともそのことに関して何が起こったか一言も口にしなかった。

　彼女は「それは突如彼らが生活から消え失せたようでした。カールを行かすことは私にはできません。あのときから私以外に彼を愛する者はいません」と言った。彼女自身の世界の一部が破壊されつつあり，それはあまりにも受け入れがたいことであり，死を否定しつづけた。しかし死は人間の抵抗や拒否に関係なくやってくる。ノラは必死で彼女の非現実的な死と生に関する考えにしがみつき，最終的にやってくる出来事への準備を怠った。子どもたちはこのことが彼女の判断，行動，そして生き方にいかに影響を与えているかを知っていた。

ロレインは夫の死を願った。彼女はブルースと16年前に結婚した。8歳と10歳と14歳の3人の子どもがいた。それはけっして満足のいく結婚ではなかった。はじめのうち，ブルースは最初の結婚生活の怒りや恨みを引きずっているように見えた。ロレインは31歳のとき41歳のブルースと結婚した。当時彼女は，2人のずれの原因は年の差かとか，彼女自身仕事についており，自分の生き方が固定してしまっているせいかとも思った。彼女はブルースがとくに結婚関係において，ひどい心理的問題を抱えていることを認めたくなかった。

　私に会いにくる前，彼らは6年間別居をしていた。そしてその後3週間して別居は終わった。ロレインはブルースが自殺をはかることを恐れ，また昼夜構わず彼が電話をかけてくるのに疲れ果てた。家族が一緒になるや，彼のどなり声，肉体的暴行，威嚇がまた始まった。

　ロレインは3人の子どもをつれて再び家を出た。彼女はどのように脅かされてもけっしてもどらない決心をした。ブルースは彼女が帰ってきたら，おとなしくすると約束した。そういっても駄目だとわかると彼は再度暴力に走った。ロレインと子どもは18カ月ブルースから離れている。ときどき彼らはブルースを可哀想に思った，しかしもどらないという気持ちには変わりがなかった。ロレインは「もし彼が死んだらほっとする人間が4人います」と言っていた。

　ロレインは死の願望を難問解決の方法として使った。ブルースがその暴力，要求，哀れっぽい依存嘆願，救い難い絶望感で彼女を縛りつけていたので，彼女は外面的にも客観的にも，また内面的にも主観的にも自分を救いだす道がわからなかった。

　多くの人間関係の場合，はっきり暴力的でなくとも，回復不可能なことが多々ある。このような関係の夫婦は死が解決をもたらすとみる。彼らはどなりあう。「あなたなど死ねばいい」と彼らはベールで覆った呪いの言葉を言う。「ある日，あなたはかならず報いをうけるわ。あなたは足を持って引きずり出され，私がそのことで寝られなくなるか試される。」しかしこのような言葉を発しはしないが相手の死を願っている人は他にもたくさんいる。時にはそれとわかるが，わからぬ時もある。時には病気として，また内的態度として微妙な形で現われる。

死亡願望は問題の決断を妨げ，新しいライフスタイルへの適合を混乱させ妨害する。このことはベリールの場合明らかである。

　彼女はたいへん怒っていた。怒って当然と彼女は思っていた。33年間の結婚の後，ジョーは家を出て行った。彼女の年で（彼女は60歳になったばかりだった）1人取り残されるなどひどすぎる。結婚後，彼女は子どもの世話をし，食事をつくり，家事をし，やっと夫の仕事がらくになり彼女との時間がもてるようになると思った矢先，彼は荷物をまとめて出ていった。

　他に女がいたのではなかろうか。「そんなことはない。それならむしろあきらめがつく」とベリールは言う。

　女がいたのなら彼に明白な非があるが，はっきりとした理由もなく出ていくのは，彼女が不適格なのかまたは彼女の失敗によることになってしまう。離別や死に際して彼女はまわりの人がどう見ているかがたいへん気になった。でもそんなことは短時間のことであり，現実には，誰も全然関心をもっていないかもしれない。しかしベリールはまわりの目を気にした。

　私に会いにきたときジョーは，もし私が話し合いで2人を元通りにしようとしているなら無駄なことだと頑なに主張した。彼は彼女がしたと言っていることはその通りだと言った。しかし，と彼はつづけた。

　「彼女は自分の行動が，私の欲していたこととは少しちがっていたのをけっして理解できなかった。彼女は整理整頓ができなかった。私は30年間ごみの山のなかで暮らした。私は大学の教授をしていた。彼女が人を呼んだり呼ばれたりすることが好きだったら，私たちの人生はもっと楽しかっただろうに。しかしそんなときにはいつもギクシャクしていた。」

　「私はよく講演をした。私の話にベリールが関心を示してくれたならどんなによかったであろう。私は4冊の本と40以上の学術論文と100以上の一般向けの文を書いている。その内のひとつでも彼女が手にしたことがあるだろうか。」

　「もし彼女が私の出ていったやり方に腹をたてているとしたら，それで結構だ。ここ10年，彼女とまともな会話は不可能になっていた。自分の仲間には彼女は魅力的だった。彼女は電話で笑いながら何時間でもしゃべっていた。私が家に電話をして（食事の時間には帰れないと言うような短い言葉でさえ）私が『もしもし』と言ったとたん，冷やかな気配が私のほうへ伝わってきた。私は

結果がわかっていたのでしだいに家に電話をしなくなった。毎晩あのようなテンションがあるのなら，食事がないほうがよいと思うようになった。」

　ベリールはジョーから離れなければならなかった。彼女は彼の不誠実さに怒り彼の言葉を否定した。彼女は「死にたい。私にはもう生きる目的などなにもない」と言った。4人の子どもたちは皆結婚しており，生きがいを見つけるよう彼女を励ました。しかし彼女は陰鬱そうで不機嫌で人生を肯定する活動を避け，とっくに完全に関係を断ったジョーとのありえない和合を考え行動していた。

　ジョーは言った。「ベリールが死んだらお葬式にはいくよ。かつて私とたいせつな関係をもつ契約をしていた人間であることは認めよう。また私が父親である4人の子どもの母親でもある。しかし子どもたちはもう成長した。もう小さな子どもではない。ベリールにたいして私は何の関心もないんだ。その本は完結したのだ。そこからはもう何も生れてこないし，そのことをどうこうする気持ちもない。ベリールは動きがとれず自由になれないでいるんだ。」

　「これだけは言える。ベリールがしたくないことをするよう，援助するわけにはいかない。今私のできることは何もない。彼女自身第二の人生を生きる決心をするか，このまま枯れていくかを決めなければならないのだ。」

　死への願望は罪悪感や羞恥心の表現の下に隠されていることがある。そのことはダビデ王の「代わりに死んでいたらよかった」の言葉や多くの「もし……でさえあったら」という自己懲罰が示している。

✼

　ジョンとスーザンは結婚生活がうまくいかず私に会いにきた。原因は1年前の12歳の息子アンドリューの死にあると2人は思っていた。

　彼は学校のキャンプに行った。3週間前から彼は父親に，キャンプに行かないですむよう頼んでいた。アンドリューの2人の姉は彼を叱り，キャンプは楽しいと説得した。しかし彼は絶対に行きたくないと言い張った。父親は息子にとってよいことだからと無理に行かせた。3日目の夜に彼は喘息の発作を起こし，あっという間に死んだ。ジョンとスーザンによると，ジョンの家系には喘息はあったが，アンドリューは全然喘息の気はなかった。ジョンの祖父と兄弟の1人が子どもの頃喘息だった。

ジョンは息子に先立たれ，罪悪感にさいなまされていた。彼はアンドリューの死の責任はすべて自分にあると思った。彼は息子の意見に耳をかさなかった。彼は息子の立場になり，かばってやらなかった。父親は自分の主張を通し，その結果アンドリューは死んだ。もし彼が家にいたならば今でも生きていただろう。ジョンはこのことを人に話しては自分を痛めつけていた。スーザンは彼に自分にも同様に責任があると言った。行けとは言わなかったがジョンの意見に賛同した。こんなことが起こるとは誰も予測できなかった。

ジョンはくよくよ考えつづけた。彼はひどく攻撃的になったり鬱状態になったりし，彼と一緒に住むことは妻にとっても娘にとっても耐えられないものになった。スーザンは，「利己的に聞こえるかもしれないが，アンドリューが死んだという事実を皆受け入れねばならない。そこにはもう一つの現実がある。私と娘たちは生きつづける権利がある。鬱になりただ悲嘆に暮れていても何の益にもならない」と言った。

ジョンはアンドリューの死を忘れることはできないし，自分を許せない。これから立ち直ることはできない。彼はすべてのカウンセリングや心理療法を拒否した。彼は互いに悲しみを支えるグループに入ったが，悲しみは継続するばかりで解決にはならなかった。とり残された人がいると聞くと，その人に自分の悲しみの体験を聞かせた。こんなことがアンドリューの死後7年もつづいた。ジョンが立ち直りを拒否しているあいだに，他の人は皆立ち直ったという現実を否定した。スーザンはそれを忘れることはできなかったが再婚していた。2人の娘は結婚し子どももいた。彼らはそれぞれに未来を築いていたが，ジョンはずっと前の学校キャンプのときから一歩も進んでいなかった。

ジョンはアンドリューの死と共に自分をも埋葬し，自分の死亡願望という蜘蛛の糸にがんじがらめにされていた。彼は毎日自己懲罰をし，涙をながしては贖罪をした。彼は自己否定の生活態度に落ち込んでいる自分を認めたくなかった。「私はけっしてこれを乗り越えられない」「私は自分を許せない」「責任は私にあるということを忘れられない」このような言葉が彼の運命の供述になっていることに彼は気づいていなかった。「私はけっしてこれを乗り越えられない」という言葉には助けを求める意はなく，彼と彼の未来の供述にすぎない。支える会の人びとは彼に同意し「そのような悲劇を乗り越えることなどけっし

てない」と言い，彼の意見を裏づけた。この言葉の意味するところを誰も立ち止まって考えなかった。同じことをスーザンがしたように「忘れはしないが乗り越えねばならぬ」と変えることができるとは考えなかった。

　私たちも「忘れることはない」という言葉の意味を再確認する必要がある。この言葉は残された人に影響力をもっている。思い出はつねに重荷として存在し，考え方や行動や生き方を妨害する。実際，その記憶はすぐ呼びもどせるが，時どき思い出すだけになってくる。その事件の記憶とその人の事件にたいするかかわりあい方は，その内的思いと態度により安定したものとなり，そのことについて話す言葉は変わってくる。彼らは「初めは乗り越えられないと思っていたが，今はすこしずつ変わってきている」と言う。初期の硬化した考えから新しい可能性を信じる態度に変わってくる。衝撃的喪失体験をその人の人生経験から消すことはできないが，それによって今生きている生活を支配することも幸福な経験や豊かな生活を断ちきる必要もない。

　21歳のジャクリン・ローズは，偉大な業績を残した柔和な思いやりある義父から多大な影響を受けていた。彼は突然死んだ。ジャクリンの哀悼の意と故人との一体化の努力は，尊敬の念と高い評価にあふれる次の詩となった。

亡き父をしのんで

　お父さん，
　あなたを失った悲しみのただなかで
　私は泣いている。
　もっとそばにいてほしかった。
　生きているとき，あなたは満ち足りて輝いていた。
　あなたがふいに去って，残されたこの空白。
　どこを探してもあなたはもういない。
　私は不安でたまらない。
　苦しみに責めさいなまれ
　どうしていいかわからない。
　ひとは
　「時間が経てば，心を覆う悲しみもいやされるだろう」

と言うけれど，
私を癒すのは時間じゃない。

思い出す。
お父さんのつましくも楽しい生活のようす。
お父さんのそばにいるときの，心静かは安心感。
暖かな思い出が，私をすっぽりと覆う。
愛していた人の記憶が蘇って，私を慰める。
その記憶だけが私を癒していく。

お父さんの人生には素晴らしいことがいっぱいあった。
なみだはにあわない。
あらゆる言葉も追いつかない。
お父さんみたいな純粋で賢い人を説明なんかできない。
「自分を大切にし，自分を良くわかって，自制心があって……」
そんな言葉も浮かんでくるけど，
お父さんそのものには追いつかない。
どんな言葉も，お父さんの存在感，あの生き生きとした感じそのものじゃない。
私はこれから生涯かかって，
お父さんのことをもっと深くわかりたい。
それが私にのこされた課題。

悲しみが消え去ったとき，
お父さん，あなたなしでも，もう怖くないよ。
美しい思い出がある。
お父さんと過ごした日々の思い出が私を勇気づけてくれるだろう。
困った時，
人生が解けないパズルに見えたとき，
私は必ずここに帰ってくるだろう。

もう，だいじょうぶ。
もう悲しくもつらくもない。
くじけることのない強さが私に芽生えてくる。

心がほかほかしてくる。
お父さんに愛されたことは素晴らしい贈物だった。
お父さんの記憶は，人生が私にくれた，最上の贈物。

2章　悲嘆の言語

　もしあなたがまことに死の精神を見たいなら，心を生命の体に向けて，広く開きなさい。なぜなら，生と死はひとつのもの。ちょうど川と海がひとつであるように。
　悲しくて仕方のないときも，心の奥をのぞき込んでごらんなさい。すると気がつくにちがいありません。かつては喜びであったことのために，今は泣いているのだ，と。

　　　　　　　（カリール・ジブラン）

　　　鳴り飛ばせ，心をむしばむ悲しみを。

　　　　　　　（アルフレッド・テニスン）

　嘆き悲しむとき，私たちの多くはなしくずしに精神的自殺を計っている。私たちは死んだ人を嘆き悲しんでいるが，同時に自分を生かしていない。私たちは生から引きこもり，その流れを止める。私たちを残して行った人との融合によるまちがった安定感にしがみつき，生を肯定する活動を捨ててしまう。
　悲嘆は別離と喪失の一つの反応にすぎない。行動様式としては社会で受け入れられるさまざまな形の行為や儀式として現われる。それは死とか死にゆくことにたいする文化的反応であることが多い。近年，嘆き悲しむことは誰にも認められる正常な行為として，技として高められている。文化，集団，家族によりいかに人びとは嘆き悲しむべきかの処方箋に関するさまざまな研究がなされている。私たちは悲嘆は避けがたくどこにでもあり，衝撃から消散へと発展していくもとのして図式化し信じさせられた。そこでグリーフ・カウンセラーが急増した。悲しみを慰めるさまざまなグループができた。悲嘆にくれるのはよいことであり，人びとは決まった時に決まった方法で悲しむため援助が必要であるという前提で，葬式産業が慰めとしての心の浄化法として激しい競争をし

ている。悲しみはかえって健康を損ない人間関係に問題を生じる。悲しみは人格の成長を刺激し，深まる精神的実存的気づきを促進する。多くの悲嘆者を支える会は人を支えるより悲しみを支えている。結果として悲しみは和らぐどころか持続し，呼びもどせないところにいってしまった人間とある種の接触をとりつづけることになる。

　人の死による悲しみは最も辛い悲しみである。それは現実の生活を変え喪失の状態への適応を迫られる苦しみの経験である。いろいろな点で悲しみのため実際に起こったことの不安を否定し，必要な人生の再構成から逃げる。悲しみのために私たちは生活の本流からはずれ，抑鬱状態になったり，現実を曲解したり，放心状態になったり，退行現象を起こしたりして自分を隔離してしまう。悲しみは私たちが死者に負うものであり，自分に負うものであり，私たち生存者が支払うべき負債になってしまう。

　しかし悲しみが何であるか確認したとき，それにはもう一つの側面のあることが分かる。それは迅速に解決策を見つけねばならぬ一時的また永続的ノイローゼである。悲しみは別離や喪失に付帯する反応の一つではあるが，必ずあるものではない。若い女性がライバルに恋人をとられため息をついた等の，拡散した多面的，多角的，多方向性をもつ経験として現われる。ある別離と喪失の場合には人は高揚し，安堵し解放を経験する。またある場合には，何カ月も抑鬱状態となり，正常な生の営みや人間関係にもどるよう皆が応援しても救いがたい挫折感を経験する。人が死んだり去ったりしたときほっとする人もいれば，ひどい衝撃を受け，悲しみの記憶を和らげる効果的な方法が見つからない人もいる。

　それは私たちが別離とか喪失，死，悲しみを語るとき，いかなる言葉や比喩を使うかによるところが大きいと思われる。私たちは「彼は彼女に〝ぞっこん(deep)〟である」などと言うが，私たちは犬が垣根に鎖できつくつながれているときのような，物理的な意味でその言葉を使ってはいない。その〝ぞっこん〟という言葉を使うとき，それは線ではなく，気持ちの深さであり，依頼心の強さであり，習慣の強さを意味する。私たちはその結びつきの深さをはっきりみてはいないのだ。しかし残された者が言ったことから推測し，上のような言葉を選ぶ。そこにはほんとうの意味での確実性は存在しない。

私たちは「彼らのあいだの強い愛の絆」などとまるで愛を目で見ることができ，強さを測ることができ，2人のあいだの空間の存在を確認したように話す。私たちの言語が，主観性，強さ，悲劇的分離を表現するには不適当である。

「彼を行かすことなんかできない。」

「彼は行ってしまったけれど，いつも私たちと一緒だ。」

「私たちの愛する人びとは死んではいるけれど，私たちを生かしてくれている。」

「私は墓にひざまずくと彼女が私に話しかけるのを今でも聞くことができる。」

※

　悲しみで落ち込んだとき，私たちの言葉はある人に深くかかわっていて，その人からの別離を意味する。それは一時的な経験や想像した絆の損傷を意味する。人びとは失った人の話をするとき，あたかもその人を所有していたか，自分がその人の一部であったように話す。しかし彼らは自分のことを話しているにすぎない。彼らは暖かい子宮のなかから疎外感と孤独感の溢れる外界に出されたときの，初めてのひどい不安感について話しているのだ。彼らは忘れていたか抑圧していた衝撃のことを語っている。そしてつねに彼らの死という最大の不安と衝撃から自分を守り，それを否定したいと思っている。現存する生死の問題からの逃避を試みているのだ。彼らの生きたいという願望は，消えつつある。死を拒否しているが，いかにして生きつづけるか見当がつかない。彼らは生きてはいるが，現実，死に屈している。彼らは死んでいるが，生きて何かを作り出そうと戦っている。デラン・トーマス（Dylan Thomas）と共に心のなかで年老いた父に向かって彼らは言う。

　　夜の床に静かについてしまってはいけない。

　　年老いた日々はもえたぎり，一日の終わりにいきどうりを感じなさい。

　　日の暮れていくのに向かって怒れ。

　悲嘆は悲しみの気持ちであり，非理性的な行動ではあるが，彼らの言葉を聞いて何を語ろうとしているか判断を下すしか方法はない。もし父親が「ぼくはあの子が可愛くて可愛くてしかたがなかった」と言った場合，彼が深い悲しみの反応を示しているととる。しかし彼が「ぼくは彼女が死に直面して示したあ

の勇気と，同じ勇気をもってこの死を受けとめている」と言いつづけたとしたら，その反応には何らかの調整が必要だと思わなければならない。もしもう1人の父親の場合，その悲しみが止むことのない怒りと自虐により支えられているとしたら，彼の執着は死んだ子どもにたいするより，彼の空想の世界における全能の神や，自分の弱点にたいする防御体制にすぎない。

　言葉は私たちが経験をいかに把握しそれに対処したかの反映である。言葉は外的現象と内的経験を組織する試みとして生じる。現象を知覚しそれを解釈することから言葉は生れる。ゆえに悲しみは他者の喪失に際して避けがたいが（あるものの喪失，私たちにとってたいせつだった者，あるいは私たちの一部），その悲しみは悲しむ者の内的感情，内的組織そして私たちの行動の表われである（死んだ人間の行動ではない）。事実悲しみの期間は，その人の精神が故人のいない世界における生き方，世界観，自己の再構成のための時間と空間である。このような再構成を悲しみの過程と考える人もいる。そうであるとすれば，その過程に関してもっと特定化し明確化すべきである。

　フロイト（Freud, 1917）は喪に服する過程は三つあると言っている。愛する者の喪失の結果，愛する能力の喪失，再構成がなされるべき自己の中へのエネルギーの回避，そして徐々にではあるが，新しい物体，人間，活動へのエネルギーの再投資である

　私たちは内的再構成がいかになされているか，エネルギーの再投資が積極的かつ建設的方向で加速度的になされているかにもっと注目すべきである。目標は急速な悲しみからの解放と，衝撃の執拗な記憶を効果的に処置することにある。私たちは悲しみには一定の過程がありそれを経ねばならぬと聞かされている。その過程がいかなるものかは悲しんでいる者が自分で見つけねばならず，多くの場合，思い出を語ることにより発散し，ひどい衝撃に耐え，さまざまな浄化法で記憶をろ過し，心の過敏性を和らげる。

　私は積極的変化，解放，そして再構成という目標へのより生産的かつ効果的方法による悲しみの過程を編みだそうとした。喪失を思いつづけることが助けになると言う人もいるが，それは癒しにはならない。またある人は徹底的浄化作用の後「今はもうずっと気分がらくになりました」と言うが，それはつねに継続的治癒を意味しない。ある人びとは他人の死や自分の死に対面するのにた

いへん困難を感じる。それは死と上手に立ち向かう方法を教えられていないからだ。初期における適切な援助により，人びとは最善の方法でその悲しみに立ち向かえる。

　人びとは私に「あなたは死のことを考え過ぎませんか」と言う。しばしば死を語ることは生を肯定しない，また生を満喫しない生き方という偏見で見られる恐れがある。しかし私たち自身の死にたいする不安は，死の無情さ，死の意味，死の受容，または時として死がもたらす破壊や消耗から私たちを遠避ける。

✣

　80歳半ばの私の友人は家のなかに座って毎日死を待っている。65年間のひどい喫煙が原因だと思うが，彼の両肺には手術不能な腫瘍がある。エンジニアとして彼の職業人としての人生は輝かしいものであり，戦争中も活躍し，今は地域社会にも貢献し多くの賞も得た。68歳で引退したとき地域や政府団体からすぐお声がかかり，彼の呼吸器に障害がでるまで14年間フルに働いた。彼は死は無情だが「それを受け入れるしかない」という。彼は死を無情と見た。生涯彼は多くの経験と知識を蓄積してきたが，そのすべてが死によって消え去ってしまう。それはどうにもならないライフサイクルだと彼は認めた，しかし理性的な評価からするとそれは無情に思えた。彼の禁欲主義が彼の生き方と死に方を反映している。

　もう1人私の34歳になる友人は，5歳，7歳，10歳の3人の子どもの母親だというのに治る見込みのない癌にかかっている。ある意味では突如やってくる死よりもよいかも知れない。別離と死への準備期間があるからだ。しかしこの婦人の場合，小さな子どもたちにふりかかってくる災難をただ手をこまねいて見ているだけである。私たちはただ家族を襲う死の不安と悲劇に直面しているだけではなく，癌の猛威の前でその死のすさまじさと私たちの無力さに消耗させられる。近づく死をどのように評価し考えるか，どのような言葉で語るかにより，その人の生の哲学や死にたいする姿勢をうかがうことができる。

　無力感は，別離と死が主な不安源となるときより大きくなる。幼児期における彼らの両親との関係についての情報入手はたいへん困難である。多くの子どもは何の説明も再確認もなく，親とのつらい別離を経験することがある。無力感と耐えがたい不安感から子どもは，自分と親の永遠の絆を保つ全能の神を幻

想する。これは子どもが自己と向かいあう辛さを緩和する試みである。

❖

　心理学者は悲しみにつづく可能性について書く際に，さまざまな異なった方法をとる。私たちが母親との幻の絆について話すときも，安全な内的存在として，自己と外的母親をとりあげている。それは外的世界にたいする子どもの思考と経験の内的構成について話していることになる。

　悲しみのとき子どもが使う手は，別離と現実の変動や破壊による傷から，完全に守れるほど強くないことが多い。ロバート・ファイヤーストーン（Firestone, 1985）は次のように言っている。

> 幻の絆は，最初，母親からの一時的離別にたいする反作用の損害と，現象学的に永遠の喪失と解釈される離別から子どもを守る。母親からの一時的別離や自立へのためらいがちな行動は深い不安感や恐れをかきたてる。それは後日，死に直面したとき感じる耐えがたい感情的反応の前兆である。(p. 243)

　しばしば両親は子どもの感受性を低く評価する。もちろん感受性の否定は両親の幼児期における衝撃的体験に関係がある。しかし幼児は完全に保護された限られた世界のなかから出て，両親が外出してもあまり不安をもたず死の予感や死に直面しても耐えがたい無力感や恐怖感をもたず，広い世界のさまざまな出来事を享受できる精神をもつようになるには，寛大なる親の愛を必要とする。

　この予防的行動を強調する一方，私たちは多くの成人が幼児期における破壊的体験や不安の経験から，死や悲嘆に対処できない，という事実を認める必要がある。このような幼児体験の重大さを認めない人もいるが，臨床場面においてくり返しそれは実証されてきている。悲しみのとき，人びとは退行したり，無力感をもったり，現実を否定したり，悲しみに対処できる力を否定しがちである。グリーフ・カウンセラー，牧師，医者や葬儀屋は無意識の内にこの退行に同調し，悲しみの行動や反趨を打ち破る代わりに，悲しみは一つその決まった過程を通らねばならぬという考え方を強く押しだす。しかしその考え方が悲嘆者を病気においやったり，死に導いたりするという事例がある。

　悲嘆や喪失に関する民間伝承，態度，考え方，多くの説がある。それらは悲嘆者の快復と成長をはかる目標のため不可欠なものと考えられ，またこれに従えば，悲嘆者は必ずフルに機能する刺激的な健全な人間として生きられること

を確約している。だがこれは信じてよいかどうか確かめる必要がある。

3章　痛みの感情：復帰への目標

> 強く愛することのできる人びとだけが深い悲しみに苦しむ。しかしこの同じ愛する力が悲嘆に逆らい，人びとを癒す。悲嘆は決して人を殺さない。
>
> （ジョージ・ヴァリアント）

　愛する者の死は私たちが否定したい厳しい現実ではあるが，外的現実としては少なくとも否定できない。

　葬儀の1週間後，私は未亡人を訪ねた。彼女は，「先週の火曜日にジョンを埋葬したことを知っています。でも私と一緒にいつもここにいます。彼が行ってしまったそのときのままにしておきたいのです。彼がそれを望んでいるからです」と語った。

　ジョンは火葬された。目に見える人間は完全に家から去り，実際の人間としてはもう地上に存在しない。しかし未亡人は彼の存在を信じ，彼女の思い出にあうようにそのまま環境を残しておくよう主張した。

　40歳になる息子は彼女にもう一つの現実を見せようとした。「こんな大きな家に住むことはできないよ。父さんが死んで，この家を維持していく金もないし，母さん1人でこの家をきり盛りすることもできない。」この現実の問題が，彼女に家を売って老人施設に入居する決心を余儀なくさせた。徐々に彼女は主人の死を認め4年後に再婚した。現実が精神的にも受け入れられた。

　これは悲嘆の過程における重要な鍵である。悲しんでいる人間は喪失した者（故人）のみに気をとられているが，ほんとうの問題は外的事実やシンボルではなく内的問題，つまり心の動きの調節が本体である。

　人は悲しみの感情はあまりにも辛く重いのでその話を避ける。故人，葬儀そして故人の友人たちの話はするが，悲しみの感情そのものに関しては，ほとんど語らない。私たちはイラクの空襲のとき学校で死んだ子どもの家族や，南ア

フリカで警官に夫を殺された黒人の夫人のように，泣き叫んだりしないかもしれないが，内的にはひどい打撃を受けているのだ。

　感情表現のあり方はその文化と国民によって差があるだけではない。そのときの死者との関係，死の受けとめられ方，環境，状況等さまざまな要因がかかわってくる。感情といっても悲しみ，抑鬱，怒り，混乱，空虚感までいろいろある。生存者としての罪悪感から死者との一体感までさまざまである。

　嘆きの経験のなかで，死はその破壊力をもって私たちを傷つける。死との直接対決を避けるために，私たちは問題の外側に心をむける。

「人生の一撃であった。」

「ほんとうに辛いときです。」

「デビッドが亡くなってから私は混乱しました。二度と立ち直れないかと思いました。人間にもどるのに2年かかりました。」

「私は内的に至るところ痛みを感じました。子どもたちがいなかったら，どうなっていたでしょう。子どもを想うことで，痛みは吸収されたようです。」

　感情的苦痛と激動は，正常な機能，感情，関係，仕事に影響を与える。悲嘆者は感情的に速やかに元にもどるべきだ。この過程は少なくとも三つの要素から抑制される。第一に，神経症的欲求すなわち感情的に破壊されたままでいたいという強い欲求。それは死者との幻想の関係を保ち，それによって私たちは死者に負った負債を支払っているようだ。第二には，悲嘆者が関心をもつ聞き手が，彼が感情的に苦しみ悶えるふりをすることを要求しているように思えることである。第三に，悲嘆者自身が目標は心の復帰にあることをけっして認めないことである。悲嘆者は何の保障も制御もない感情的荒れ地に迷いこんでしまう傾向があるのだ。

※

　18歳の息子の死から3年たっても悲しみつづけている男がいた。

「時が解決してくれると言う人もいる。私にはわからない。年を取れば取るほど悲しみは深くなる。もし彼が戦死したとか交通事故で死んだのなら話は別だ。あきらめもつく。クレグは大学1年。将来を約束された運動選手で，誰にでも尽くす良い子だった。肩に腫瘍ができ，4カ月後に死んでしまった。ダビデがアブサロムに，お前の代わりに死ねたらどんなによいだろう，と言ったと

きの気持ちがよく分かる。私は息子のことで血を吐く思いをしている。そしてそのことが私にとっても，妻にとっても，他の子どもたちにとってもけっしてよいことではないのはよくわかっている。」

「私は孤立している。みんなが酒に溺れてしまう状態だ。私はそうはならない。ありがたいことに1日の7〜8時間は仕事に没頭している。それ以外のときの自分は目茶苦茶だ。だからそれを隠すために，誰にも会わないようにしている。しかしこれはほんとうに，苦しいことだ。」

感情の治癒には時間がかかるし，治癒が目標であることを認めぬかぎりそれは不可能である。悲しみの感情や無力感や喪失による無気力感が混沌として活力はそちらに吸い上げられ，治癒への計画や活動が展開しない。その人物が破壊的神経症的傾向にある場合，問題は複雑になる。多くの人はその感情状態を確認せず，またその感情の制御も満足のいくものではない。深い鬱の感情を怒りととりちがえていることがよくある。いたわりの気持ちも自己犠牲の葛藤と思われることもある。人は悲しかったり傷つけられたりして泣くが，そのことは自分に向けた怒りの表現かもしれない。嫌いな者を破壊したり傷つけたりする代わりに，自分がいかに痛めつけられたかを見せ，その人が自分にたいして同情的に行動せざるを得ないようにさせることもある。

※

表現力豊かで妻と4人の娘をたいせつにしている中年の男がいた。彼は経済力もあり思いやりのある人間に見えた。彼自身，母親のような妻と自分の姉妹のような娘たちに，すべてを捧げるという強い内的道義心に振りまわされていた。彼が家族に献身的であり，彼らがそれに答えるとき，彼は満足した。しかしそれは終わりのないことであった。彼の献身は実際は死への道であることに気がつかなかった。彼は自身の生活や喜びや自己実現すべてを，妻と娘を喜ばすために犠牲にした。

ウォルター・カフマン（Kaufmann, 1973）は次のように書いている。

　人間を本物でなくすのは（そして彼らに食べ物とか洋服とか，どうでもいい失敗や成功の話を感動的な物のようにさせるのは）長くない将来，死んでいくことを忘れているからではない。それは彼らが生存者であるという事実を忘れているのである。(p. 231)

感情の治癒はいかにしてなされるか，作業は複雑である。手足に怪我をしたときのようには感情の傷口は見えない。身体に傷を負った人にははっきりと，「この人は社会復帰のために手足が元どおり使えるようリハビリテーションが必要だ」と自信をもって言える。

　また刑務所に入った人や戦争に行った人の場合にも，社会復帰し成功するようなプログラムを組み，それをリハビリテーションと呼んでいる。第二次世界大戦後のリハビリのほうがベトナム戦争後のそれより成功したといわれている。それはプログラムがその時代の知識と経験をいかし，患者の気持ちを認知し，彼らが感情的に治癒したことを確認したかどうかにかかっている。

　山火事，ハイジャック，サイクロン等による恐怖，喪失，混乱の衝動的経験につづく精神的快復に関しては，少なくとも注目されているように言われている。しかし実際に心のリハビリのプログラムははっきりせず，手がつけられないものとして放り出される。

　底にある感情は不安感である。その不安感は制御できないとき内的安定感，満足感，喜びの感情を破壊し，無秩序，剥奪感，苦痛をもたらす。悲嘆者は死者や葬儀や失ったものに気をとられ，この不安感に目をやるのを忘れる。その不安感は自己の分裂を促し自尊心を失なわせ自己実現を不可能にする。たいせつな人を失うことにより自己の見解や人生感や世界感は変わっても，この不安感のために自己制御が以前よりもっとだめになることがある。不安感はその人の機能を損ない，（無秩序とはいえ）積極的生き方への蓄積をまぜ返してしまう。

※

　寂れた田舎町の48歳になる女性から，夫と自分に会ってくれないかという電話をもらった。私は彼女に会ったことはなかった。しかし事態は急を要していた。私は次の日に会うことにした。彼らが悲嘆にくれていることは顔を見てすぐにわかった。私のオフィスに入るやいなや，泣きだした。19歳になる長女が大きな町の大学にいくといって家を出たという。彼女は家族の自慢の子どもで家族のなかで初めての大卒になると思っていた。その彼女がヘロインを飲み過ぎて突然死んだ。両親は理解できない現実，屈辱，無力感，悲嘆が混沌として不安感にさいなまれた。彼らにとってすべてが破壊され，そして彼ら自身も崩

壊し，彼らの考えや人間関係や人間としての機能を失った。彼らはいままでにもいろいろな困難を乗り越えてきたが，この事件は受けとめかねた。このような打撃に抵抗するすべを知らず，生きる意味を失っていた。「銃で家族共々死んでしまいたい」と父親は言った。

　この夫婦を，耐えて生きていける段階にまでもどすには，感情の快復が必至である。彼らがこの悲劇から立ち直っておらず，娘にたいする怒りと，薬物を彼女に与えた者にたいする，また麻薬密売人たちにたいする殺したいまでの怒りは，容易に測り知ることができる。

　救援団体に入ることにより怒りの感情を捨てようとした両親たちを見てきた。それは価値のある人道的行為ではあるが，けっして感情の治癒にはならない。不安感は制御されてはいないのだ。

　感情の快復の過程には怒り，恥，抑鬱，内的葛藤等，二次的感情を分離し，基本的不安感による破壊的行動のみを確認することも含まれる。最初に私たちは運命と死への不安感に直面する。束の間の人生，死ぬべき運命，遅かれ早かれやってくる終わりの時への不安感。第二に，幼少時に経験した喪失が，時には抑圧されたり退行したりはしているが，不安感として残る。第三に，不安感には，虚無感による不安，無力感と空虚感によるもの，傷つきやすさや恐怖心によるものがある。これら不安感の三つの流れが悲しみの洪水となって己に注がれる。存在への不安感，幼児期の別離による不安感，現実の死亡にたいする不安感がそれである。そしてその不安感の真ん中に自己を置いて，不安感に効果的に対処し世間から認められようといろいろな方法を懸命に模索するが，多くの場合そのような方法は存在しないように感じられる。

　悲しんでいる人びとにたいして感情の快復に必要な諸点をここに述べよう。やさしく共感的に表現すると，彼らはそれを必要な緊急な一連の行動とみなす。いかなるイメージも逸話も起こったことを的確には表現できるものではないのに，その助けにしようとさまざまなイメージをつかう。そのやさしさは手足が切断され血が吹き出ている人に，止血せず出血多量で殺すようなものである。悲しみに浸っていることは，草原を縦断して流れる洪水寸前の河のようなものである。防衛行動を速やかにしないと，すべてを洗い流してしまう。やさしさの真綿にくるまれた悲しみは群集が集まってくるようなもので，たいへん破壊

的になったり，思わぬ事故になったり，略奪が起こったりする。これでは基本的不安感には対処しがたい。それは私たちのすでにできあがった制御の感覚を脅かしたり，物事にたいしてすでに認められている見解や意味づけを脅かしたりで，不安感があまりにも拡散し，不安感を扱いうる問題や挑戦に変える試みを避けることになる。

　私は悲嘆者を助けるとき，基本的な不安とそれにまとわりついている二次的不安とを分離するところからはじめる。まず一緒に，基本的な不安感かそれとも明確に示されている二次的不安感か，どちらから解決していくかを決める。

　17歳の青年が期末試験の前の週に自殺した家族の場合，私たちは，母親の父親にたいする怒りと，父親の死んだ息子にたいする激怒という二次的感情からまず対処する必要があるという判断を下した。彼らは完全に負けた戦いを全勢力を費やしてつづけようとしていることに気がつくまで，基本的な無意味な不安感や死の空虚感等にたいすることはできない。彼らの対人間の葛藤は，青年の死の現実や，それが家族に意味することから目をそらさせた。

　リハビリテーションは，その感情を見つめ潜在的または現存のダメージを知ることにある。問題はその感情を表現させるか抑えさせるか，それとも両者を取るかにある。患者の出血をほっておくか，それとも迅速に包帯をするか，患者をベッドに寝かせるかそれとも立たせるか。悲しんでいる者はそれに浸っているのがよいという意見も強い。もしいやになるまで泣き悲しみ，そのことばかり話しつづけることにより立ち直るのならそれもよい。私はこの見解に賛成できない。効果的なリハビリテーションは感情の発散や消耗によるものではない。発散や消耗はしばしば快復を妨げる。

　私はすべての感情の徹底的抑圧の提唱者ではない。その人が生を謳歌できず，人間として機能することもできず，不必要にダメージのなかにどっぷり浸かってしまわないように，悲しみの感情を正確に把握しその建設的な管理と快復へ導くことを提唱する。

抗　源

　リハビリテーションには抗源を築き上げ，再び感情的に反応できるよう練習

を積む必要がある。多くの人は死と悲しみによりひどい衝撃を受け，傷つくのをおそれるようになる。彼らは基本的不安感を扱い得る抗源が見えなくなる。その結果，人前に出なくなったり，感情が凍結してしまったり，ただ無表情になってしまったりする。一方，しばしば悲しみの回想にひたる。死者の名前を聞いたり写真を見たりあまり意味もない行動に触発され正常に機能できなくなってしまう。だがカミュの戯曲『食い違い』のなかのマルタのようにある人たちは奮起する。

　　そして今——私が去る前に，あなたに忠告しておきましょう。私は貴方の主人を殺害したことで，貴方に借りがあります。貴方が石のように固くなるよう神に祈りなさい。それが神がくれた幸福であり真の幸福なのです。時間のあるうちに，神のように行動しなさい。すべての哀願に耳を塞ぎなさい。そして，貴方の心を石にすることです。

　抗源は，人が悲しみの不安感に立ち向かう助けとなり，その耐えがたい潜在的不安感のくり返しにたいする免疫を強化する。すでに悲嘆にとりつかれた人は，すべての抵抗を失ったと信じてしまう。彼らは犠牲者となり，悲嘆感は彼らが背負いつづける荷物となる。私は悲しむ人びとに特定の（抵）抗源に焦点を合わすようにすすめる。

1．自己の感覚，自分が誰かを自覚し，自信の立て直しをする。最初の悲しみの衝撃のあとには，この目標は不可能に思える。しかしほんの少しずつでもはじめると，この根本的な源は再建されはじめる。

　「私はピーターの母です……私はジョアンの母です。」

　「今日，友だちのアリスから電話がありました。私の友だちです。アリスは私を友だちとして扱ってくれました。アリスは友だちです。」

　「私はベイズウォーター・ロードに住んでいます。あの犬と猫は私を知っています。彼らは私が誰かを知っています。私も自分を知っています。毎日自己の立て直しを少しずつやってみています。強くなっていくような気がします。進むにつれて力が出てきます。」

2．自分に悲しむことを許しその時間をとりなさい。悲しみの気持ちを避けないように。毎日15分間座って静かに死者のことを考えてごらんなさい。喪失の悲しみや苦痛を感じるのなら，それに浸りなさい。あなたの喜びや

愛を表現したかったらそれもよいでしょう。騙されたとか怒りを感じたら，それはそれで認めなさい。15分過ぎたら立ち上がって深呼吸をして次の仕事に従事しなさい。計画された時間ぎめの悲嘆は自己の再建をもたらし制御力の快復をも促します。

3．基本的不安感を認めなさい。特定な二次的感情も認めること。少なくともその基本的不安感や二次的感情を，特定な目標をもつ制御可能な問題に変えていくようになさい。無力感の洪水のなかで溺れず，自分で何とか対処できる側面を選びなさい。課題と目標を決め，成果を測りながら目標に向かって進みます。

4．あなたにとって不変の分野を決めなさい。死とか喪失は不明確な不安感を招き，その意味や価値が完全に消滅するように見えることもあります。「これなら意味がある。価値がある。私の喪失感をぬぐい去ってはくれないが，それ事態は意味のあることだ」と思えるもの（たとえば，仕事，特別な人間関係，組織内での友情）を選び出すようにしなさい。

5．死とか悲嘆に関する不安感は，生活のすべての面に広がりやすいことを認識する能力を養いなさい。そしてそれを阻止するようになさい。

6．基本的不安感はいくつかの二次的感情に変形し，それらが基本的不安感を隠し，不安感を制御することを妨げる。元の不安感を二次的感情と分離し，相互に入れ替わったり混乱することを阻止する能力を養いなさい。

7．基本的不安感や二次的感情は再発する傾向があることを認めなさい。この再発をかき立てる状況や刺激を見きわめる訓練をすること。避けられぬ運命としてそれを受け入れる代わりに，いち早く介入する訓練をしなさい。

8．再生，一新，快復の過程を思い出すシンボルに焦点をおくこと。それらは春の花盛り，日の出，寄せてくる満ち潮かもしれない。また宗教的象徴や混乱から秩序への脱出の象徴や，十字架からの復活の象徴かもしれない。

9．音楽や文学を通して積極的再生のイメージを養いなさい。生を肯定するようなイメージを持って瞑想する訓練をすることです。

10．少なくとも一つの有意義な支援的人間関係を育てなさい。多くの人はそのような関係は結婚や家族関係にあると思う。しかしつねにそうではない。配偶者や家族が同一の出来事にたいして，異なる反応を示すことがあるの

を認めることもたいせつです。家族の中で気がついていない感情があることもある。このような理由からどの関係が一番支援的かしっかり見極めるべきです。
11. 悲しみを克服しようという決意やよい結果に向かう決意や，建設的で悲しみに立ち向かう人間として自分のイメージをもつことにより，抗源は増加する。初めはこの決意は微弱なものではあるが　それを認め確認するべきです。
12. 再び生きていると感じられ自発的に動ける状況に自分の身をおくようにしなさい。音楽の演奏やダンスをする機会をもつ，公園を散歩する，休みを取る。人生にたいして積極的で創造的で晴れ晴れとした気持ちになれるよう訓練する。生を肯定する行動にどんどん参加し，それらの行動をするに適した感情になるよう訓練すべきです。

4章　新しい現実

> 生きることは苦しみである。生き残ることは苦悩の意味を見つけることである。
>
> 　　　　　　（ゴールドン・オールポート）

　悲しみは広がり，衝撃的なため慢性病のように私たちから離れないことがある。それを和らげようとする一つの方法に喪失や死を無視しようとすることがある。あんなことさえ起こらなければ，と考える。でもそれは残念ながら魔法が使えないかぎりあり得ないことだ。人が死にその人がいなくなったのは現実である。私たちはその現実を否定し，それから生ずる多くの結果を避けようとする。

　死者は私たちを悲しみのなかに閉じ込め，生の営みをさせまいとしているように見える。私たちが死者とのあいだに感ずる絆や執着，そしてそれをつづけていきたいという思いも，私たちを悲しみから立ち直るのを妨げる。その結果，私たちの悲しみは絆を存在させつづける手段となり，同時に私たちの悲しみはその絆を断ち切るためにあるともいえる。

　多くの悲しみの経験において，人は無意識のうちに死者と共にあることにより，自分を殺してはいるが死ぬことはできない。彼らは，生にもどりたくない，それは死者を残して現実にもどり彼らと離別することになるからだ。死者が彼らを監視しており，彼らの背信や愛情や決意の豹変を見ているという思いから，死者への思いを断ち切ることは不正実な行為に思える。

❖

　ある土曜日の午後，学校のスポーツ行事の帰り，母親は3人の娘を車に乗せ事故にあい，後部座席にいた2人が死んだ。母親はすべてがうまくいっていたと私に告げた。子どもたちは試合に勝ち，その夜何をするか楽しい予定も立

ていた。
　交差点では彼女に優先権があり，横からくる赤い車を見たのは事故の一瞬前であった。スピードを出していた赤い車は彼女の車をまっぷたつにした。ぶつかられる寸前ジェニーが叫んだような気がした。後部座席の2人は即死だったが，車はコントロールを失い100ヤードほどつっぱしり細道のところで止り，前の座席にいた母親ともう1人の娘の2人は傷一つ受けなかった。
　母親は悲しんだ。2人の娘のことばかり考えた。15歳と16歳の若さで人生も，結婚も，母になる喜びも，成熟も，すべてなくしてしまった。それ以来，彼女のすることはすべて死んだ子どもたちにたいする裏切りに思えた。彼女たちからすべてを奪った今，どうして彼女が再び人生を楽しむことができようか。何を言っても，慰めても，彼女の罪の意識を拭うことができなかった。1日に数回事故を思い出し反芻していた。もし交差点にさしかかる時間が数秒でもちがっていたら。もし彼女が即座に車のハンドルをどちらかにきってさえいたら。もしアクセルさえ踏んでいたら。
　13歳の助かった娘はその事故にショックを受け困惑していた。最初，彼女は悪夢だと言っていたが，葬儀がおわると突然，彼女と母はひどい災難にまきこまれたのだと理解した。そのとき彼女らはその場にいあわせただけで，誰もその事故を止めることできなかっという事実に目覚めた。彼女と母親が生き残ったのは幸運だった。
　娘は，「お母さんみたいに，死人のようにただうろついていても意味がない。今まで以上に人生をもっと生き生きと生きていきたいわ。だってもうすこしで死ぬところがったのですもの。利己主義に聞こえるかもしれないけど，ほんとうにそう感じるの。起こったことは仕方がないの。私がまだ生きているということに感謝しなければ」と私に語った。
　13歳の少女の口からこのような言葉を聞いて私は驚いた。しかし今までにも災難が起きたとき，若い人からこのような素晴らしい知恵が出てくる場合を何度も見てきた。
　この13歳の子は，この災難を現実的に自分の経験として受けとる道を見つけた。彼女は再び人間として完全に機能すべく努力することができた。しかし母親は死んだ2人の子どもの面影にとりつかれ，過去の経験としてそれを統合す

ることができなかった。彼女は生きることを諭し彼女を助けようとする人びとにひどく抵抗した。

※

　ある家庭では4番目の子どもを3歳で失った。その家には5歳と7歳と10歳の3人の子どもがいた。末っ子の死の3年後，真ん中の子どもデイビッドが10歳になり，その子が検査のため私の所へくるまではその家族の誰にも会ったことがなかった。彼はむっつりとした小柄な子どもであった。彼は家庭では暴力をはたらき学校では小さな盗みをよくした。両親との最初の面接で3年前の子どもの死のことを知った。話し合いのなかで，両親が3年前の死に関してお互いに相手に非があると怒りの感情をまだ抱いており，2人の関係も危機に瀕しており，彼らの子どもたち，とくにデイビッドにたいして恐れをもち短気になりすぎていた。私はデイビッドだけに会うのではなく家族全員に会いたいと申し入れた。

　2回目の面接のとき，長男のトニーが，問題が起こりはじめたのはすべて3年前ジョナサンが死んでからだといった。彼曰く，「ぼくたちは（妹と弟を意味している）ジョナサンに死ぬ前に会い，死んでからも見た。でもそれは何年も前のことです。お母さんとお父さんは彼の名前を言いつづけています。ぼくたちは彼がどんな子だったか思い出すことさえできません。ぼくたちにとってはジョナサンは言葉にすぎず，むしろその言葉を嫌っているのです。」

　それを聞いて母親は泣き出し，父親はそのようなひどいことを言うトニーを厳しく叱った。デイビッドは笑みを浮かべていた。この家庭では，子どもたちは，死んだ子は過去に葬り日常生活にもどりたがっていた。しかし両親は死んだ子どもの名前をまだ存在する者として口に出しては家族間の関係を操作していた。デイビッドの行動があまりにひどくなり矯正の必要ができてくるまで，個々の家族が何をたいせつに生きているか判定しにくかった。実際のところ家族全員がはっきりと指摘できない現実にふりまわされていた。

※

　また時には，現実は混乱をきたしているだけでなく，部分的に公的または個人的にも虚偽のまま存在している。ビルとマッヂは結婚して22年になる。彼らには17歳と19歳の子どもがいた。過去12年間，マッヂは既婚者で子どもの2人

いるモーリスと関係をつづけていた。ビルの仕事の関係と子どもたちのことを考えて彼らは離婚はしなかった。ビルもモーリスの妻もマッジとモーリスの関係を知らなかった。

46歳でビルは心筋梗塞で死んだ。マッジははじめショックを受けたが密かにほっとした。彼女は葬式で公的に喪に服したが，一方ついに彼女の偽りに満ちた性的関係がおわりを告げ，これからはモーリスとの関係も自由になるのを喜んだ。しかしビルの死は反対に，これから彼が彼女のすることすべてを監視できる新しい力を得たのではないかと考えた。最初このことで罪悪感に悩まされたが，「なぜビルのことを心配しなければならないの。彼は同情すべき観客にすぎないわ。そんなことは考えない。ある人たちはそんなことで苦しむけど私はそんなこと気にしない」と笑いとばした。

モーリスはちがう考え方をしていた。彼は表向きはマッジに同情的で支援的態度を示した。しかし彼は密かにビルの死に怒りを感じ，今や解放され積極的になったマッジをたいへん恐れていた。彼はもし妻が死んだら自分はどう思うか考えた。ビルが彼と同い年だったのを思い，彼はすこしいらだち仕事に没頭したいと考えた。

しかしマッジの2人の娘のことを忘れてはならない。マッジはビルが死んでほっとしてうれしく思っていたが，娘たちはあんなに身近でたいせつな父の死を悲しんだ。マッジは娘たちの忘れがたい悲しみを予測していなかった。そのことで彼女のモーリスとの関係はより複雑になった。

遅かれ早かれ大部分の人はたいせつな人の喪失や死を乗り越える。時には混乱を残したたまま，時には勇気をもって建設的解決を得る。しばしば人びとは立ち止まって深く考えてから選択をしない。ある災難や悲劇の場合，表向きには家族が宗教に救いを求めたり，故人の生前の勇気に満ちたすばらしい功績を思い出し讃えることによって悲しみを和らげるような対処の仕方を見つけることもある。本音をいえば，現実はもっと複雑で手に負えないものである。

建設的対処法は現実との調和を欠かない。しかし現実とはしばしば混沌としている。人の死は人生の一章が永遠に幕を閉じたという簡単な通知にすぎないこともあるし，時にはジェット機の機長の席に離陸してから放り込まれ操縦しろと言われたときのような複雑な場合もある。

建設的に現実に対処するには，喪失の現実を，人間の即座の反応を受け入れることによる継続するストレスの存在を，そしてストレスの反復を認める能力を必要とする。また喪失の時に支援を受け入れることの必要性を認め，時として自分の求める支援の質を変えることをも必要である。現実への対処のためには，これまでの経験やそれをとりまく環境を点検し，そのなかでどのケースが今適切な対処法であるかを見定める必要がある。

　喪失や死に際してたった1人だということはない。私たちはつねに環境の一部であり援助者とつながっている。支援者がいるかもしれない。環境が友好的で支援的かもしれない。しかし，もし悲しんでいる者がそれらに気づかず，また外との関係を絶ってしまうと，多くの場合その価値は失われてしまう。感情が異常に高まると，悲嘆者のストレスの定義づけ，悲嘆者自身，援助者，とりまく環境などすべての考え方を混乱させ，人びとは緊迫した状況にたいして建設的に対処できなくなる。

　「新しい現実」は，何が起こったか，そして何が起ころうとしているかを見る明白な試みを必要としている。多くの人はこの仕事から目を背ける。なぜなら，それは以前存在していた人なしでの生活を最終的には認めなければならないことを意味するからだ。初めに悲嘆者はそのことに直面しなければならない。苦痛や思慕や悲しみからほんとうに立ち直りたいのか。絶対にそうなりたいと思う一方，失った人を過去に葬らず立ち直りたいという欲求を密かにもちつづける。

　喪失や死はすべてを変える。多くの人は死のほうが離別や離婚より対処しやすいという。死は終局であり究極であると認めざるを得ない。しかし離婚や離別の場合，失った人が存在し関係をもつ可能性もあり，思いは良い面も悪い面もあるがまだそこにある。

　喪失や死の場合，とりまく環境にも自分の心のなかにも変化が起こる。人びとはそれら変化を認知し再評価することを必要とする。また自己，感情，人的資源，方向性，再組織，これからの人生の新しい取り組み方等も再評価の対象となる。多くの未亡人は財政管理能力がゼロであるのに，財産や投資と共に，突然1人にされる。初めは困惑し迷うが，理性的に考え方をすすめ，彼女らはすぐ助けを求めたりまた自分で処理する能力を開発する。

私の知っている未亡人が家屋と 2 万ドルの遺産を継いだ。生命保険と年金 15 万ドルを手に入れた。結婚してから 63 歳になるまで金銭的なことはすべて夫に任せており，自分の通帳を持ったこともないし銀行と取引をしたこともなった。彼女は，「多くの女たちのような救いがたい金銭音痴」には絶対なりたくないと言い，数カ所で助言を受けた。彼女は笑って言う，「いま 73 歳になり財産も 150 万ドル以上になりました。夫よりずっと金儲けが上手です。でも主人はお金に関しては私は抜けている思っていました。私もそう思っていました。だって教えてもらったことがないのですもの。」

　彼女の「新しい現実」は彼女を大きく成長させた。「ボブと一緒のときの私の生活は限られていました。彼はよくお金が足りないと言い，私はそれに何の疑問も持ちませんでした。現在は生活が一変しました。前よりずっと健康になり，自信もつき，制限のすくない生活をしています。なぜなら，私は自分自身が資本ですので，ただぽっと座ってはいられません。教育もない私がこれだけのことができるのですから誰でもできます。」

　「新しい現実」とは，その状況の能動的な考え方と同時に能動的な評価と解釈を意味する。それは受動的過程ではない。多くの人はそれを無意識にまた本能的にすることができる。しかし建設的対処には意識的活動を必要とする。ジョンが「ベティが死んでひどく悲しい」と言うとき，それは彼の感情を表現している。彼は内的感情と経験を評価しそれを「ひどい」と分類した。再評価により「ひどい」と分類されたものは彼の寂しさと無力感であり，他の人の場合，腹部への一撃を意味するときもある。ジョンの感情は，自分がどうしてよいか，子どもたちをどうするか，過去 4 年間彼らと住んでいる年老いた病気のベティの母親をどうするか等，いろいろな不安から生じているのかもしれない。

　ジョンが耐えがたいと感じているのは喪失それ自身ではない。「ひどい」と分類された気持ちは喪失による諸々のことを考えた結果である。彼の現実の再評価はその分類を変えた。彼曰く「私がひどく悲しいと言ったとき私はひどく混乱しており，怒り耐えがたいとさえ感じた。もちろんその一部はベティが彼女の母親より先に死んだことによる衝撃だった。私たちはよく，母さんが死んだら（彼女はお荷物だったので），という話をしていた。だがその母親がまだ

生きている。貴方が私の前にすべての問題を並べてくれたとき，それらの見方が変わった。」

　　　　　　　　　　　　　＊

　父が死んだときの私自身の反応を振り返ってみた。父の一生は充実した力強い健康なものであった。父の一生はユニークなものであり，父と知り合った人びとに良い印象を与えた。父は80歳半ばに突如死んだ。私たちにとってたいせつな人であった。私たちは父を尊敬していた。困惑を感じつつも私たちは父の死を短時間のうちに経験のなかに受け入れ統合した。

　私のブルドックのドガルドが12歳で死んだとき，私たちは彼の死を予期したものとして，苦しみからの解放として認めた。しかし私のうけた打撃は強烈で，継続する生活に統合するには時間がかかった。どちらの場合も死と喪失にかかわっている。一つは父の死で，もう一つは犬の死である。それぞれ出来事にたいする私の評価や反応は異なる。再評価もそれぞれちがう。父は数十年のあいだそばに住んでいなかった。犬は12年間私の日常生活の一部であった。

　喪失や死，また引き延ばされたり反復するストレスへの対処に関して，私たちはその経験をある意味で本能的に熟考された評価の結果として分類しがちである。幼少で死んだ息子を12年間悲しみつづけた父親は言う。「私は息子のおかげでここまで生きてきました。彼は私の息子でした。つねに私の息子です。その事実から逃げることはできません。」

　未亡人になって8年目の婦人が夫の墓に花をあげつづけている。最後の数年間，結婚生活はうまくいっていなかった。彼子は語る，「いま彼にしてあげられことはこれしかありません。」夫が生きているとき，彼女は一輪の花も彼に買ったこともなく，庭の花を摘んで彼にあげたこともなかった。しかし彼の死後，毎日曜日，彼女はなけなしのお金をはたいて1日にして枯れてしまう花で墓前を飾る。現実の再評価が必要である。彼女の夫は花への感謝を示すことはできないのだ。彼女が自分の内的悲しみを慰めるための花にすぎない。彼女には花を買う余裕はない。彼女の新たな人生は夫の墓地のまわりには存在しない。彼が死んで8年になる。彼女は69歳である。彼女は新たな目標をもってあと10年は人生を楽しむことだってできるのだ。彼女がこのような再評価をすれば彼女の内的経験が変わり，彼女の反応と行動も変わってくる。

私は，彼女も息子を幼少のときに亡くした父親も，運命として彼らを襲った災難に反応すべく対応していたと信じていた。実際は彼らの反応は，どちらの場合も死にたいする評価の現われであり，私の父と犬の死にたいする異なった反応が私のそれらの死にたいする評価の結果であるのと同じである。再評価とは，事件と，存在する支援と，愛するものがいなくなってからの将来の意味の新たな評価である。再評価への問いは，「愛するものがいなくなった今，充実した日々を送るにはいかなる変化が必要なのか」ということである。

　愛する者の喪失は，その人が与えてくれた安全感，従属感，愛情，支え，時には支えという幻覚の喪失を意味する。「新たな現実」において，当事者はそれらの欲求を愛する人なしでいかに育てるか，またいかにして自尊と自己実現のより高度の欲求を理路整然と表現し，はっきりと確認し満足させるかの方法を見いださねばならぬ。

　「新たな現実」には，一時的に不能となり機能しなくなった人間から，亡くなった人の生と死の評価を通じ，より強く心の広くなった完全に機能する人間に変わっていくという目標がある。悲しみから立ち直り完全に機能している人間は次のような特徴を示す。

1. くよくよしたり慌てたりすることなく，相反しがちな事柄を受け入れ，自分の経験のなかに統合するしなやかな能力を開発している。自分の弱みも，依頼心も，自治の喜びも，沈黙の回顧の念も，わき立つような愛情欲求があると同時に力もあることを認めている。彼らは，利己的であったり，寛容であったり，昔気質だったり，新しがり屋だったり，ユーモアがあったり，真面目だったり，頼り甲斐があったり，時には非現実的であったり，予想外の行動をとる。
2. 気持ちを解決可能な明確な問題に変える。悲しみのなかでその悲しみの理由や状況を評価し，その状況から抜け出し，そのある面と四つに組み，また悲しみは悲しみとしてそれ以外の活動に着手する。
3. 自尊心や自己実現を養う方法を考案する。孤独を楽しむことができる。彼らは自分の人生の出来事にふりまわされず，とくに出来事の評価や支援の評価する能力を養い，自己決定を可能にする。
4. 社会性に富み，社会的ネットワークや家族の絆を保つ態度をもち，その

種の会合の企画を担当する。
5．社会的創造的状況に暖かさと自発性をもって従事する。日の出や日没に喜びをもって答える。しかし同時に，人生から何を得るか，また何を与え得るかの感覚が変化し深まることを知っている。

5章　考え方について

　私たちは自分自身を受け入れるよう強制することはできない。私たちはどんな人にも自己を受け入れるよう強いることはできない。しかし時には，自分自身に「イエス」と言う力を得ることもある。そしてそのことが私たちに平穏をもたらし，私たちを完全なものにし，自己嫌悪や自己満足は消え，自己の神との結合を見る。そして私たちは，神の恵みが私たちの上にあると言う。

　　　　　　　（ポール・ティリッヒ）

　喪失感や悲嘆に落ちこんだとき，私たちの思考様式はあまりにも散漫になり，歪められ，その事実を正しく見きわめて対処する能力を失い，傷つきやすくもなる。否定的な自己評価または自己批判，過去にたいする否定的な反芻や将来への否定的な見解などに，多くの無駄な労力を費やすこともある。これらの思考様式は，いかに感じ機能するかを左右するし，私たちの生き方，ライフスタイルや健康面に影響を及ぼすのである。最初の目標は，私たちの喪失感や悲嘆にたいする思考様式が，いかに付加的な問題を呼び起こすかを認識することにある。私たちの思考様式は，もともとの問題をより深刻化し，その主旨を拡張拡大し，その効果的な処理能力を遅らせる。誰もが頭のなかで彼らの行動を自覚し，ある新しい考え方を試してみることは可能である。身体にしみつき，習慣的になってしまった思考様式を変えることはむずかしく，喪失感の痛みや執着は，的確な処置の方法を見つけるという本来の目標を見失わせてしまう。
　思考様式において私たちは，明らかにわかるストレッサー自体と，それをどう知覚するかとを，はっきりと区別する必要がある。どう知覚するかということは，それについてどう考えるか，どう評価し，解釈し，それにどんな意味を与えるのか，そしてどう自分に言い聞かせるのか，の問題である。自分にとっては手ひどい出来事も，相手にとっては何でもないことであり対処しやすく何

ら不安を感じないものかもしれない。その出来事をもうすこし注意深く観察してみれば、その事実を変えるために私たちにできることはなにもない。しかし、私たちの想像や記憶、恐れへの懸念や邪推は膨れ上がっていく。また、他の人びとを自分の考え方に引きづりこむ力を持ち合わせていることがわかり、やがて自分を思いやってくれる一団の人びとにより、自己の恐れに確かな真実性が与えられる。私たちの思考様式は、記憶や想像、語られた話、空想や憶測といったものに影響される。

「もしあなたのお父さんが、あのようにしさえしなければ……。」

「彼はけっして立ち直れないだろう……。」

私たちの考え方はまた、どのように自分たち自身、そして、世の中での出来事にいかに対処していくかを決定する。

「あのことが起こって以来、ずっと私は自分の感情をどうすることもできない。そのことで頭が一杯だ。なに一つ手だてを講ずることができない。別の方法がとれたのではないか。」

「わたしはそれができなかった。あの事実を変えることはできない。どうしようもない。」

バルザックはかつてこう書いている。「心を伴っていない出来事はない。心はすべての出来事を拡大する……。」新しい考え方としては、どのようにしてそんな拡大が起こるのかを見きわめ、どのようにして理性的にそして感情的に遮られたのかを判断する。一つの出来事はどうしようもない悲劇の大詰めになることがあるが、私たちは、「最悪のパターンだ」とか「この世の終りだ」とか「もう何も私を救ってくれるものはない」などと言うことによって、出来事をより悲劇的なものに育てる。その上、私たちは自分の長所やよい経験、つまりその状況の否定的な側面を見くびりがちである。私たちは一つの出来事を基盤として、自分の能力やできばえや価値を、あまりにも一般化しすぎる。出来事というものは、すべて良いか、すべて悪いかととられがちであるが、だいたい後者の場合が多い。そして私たちは事柄を特定化したり個人化したりする。

「どうして私が選ばれたたのか？ 今までに私は十分に耐えてきているのに、こんな目にあうとは。私が何をしたと言うの？」

新しい考え方はこれらの歪みを見分け、特にそれぞれのポイントで役立つ。

ゆえに，より正確な情報とバランスのとれた見方のできる人は，まちがった信念や態度を直すことができ，悲惨な出来事に建設的な形で対処することができる。

　記憶のなかには感傷と感情も詰め込まれている。もつれた考え方と，より大きな歪みの一部かもしれない出来事も含めて。記憶，思考，感情は，社会心理学的身体反応の一部になることもある。

*

　ノーマはいつもバートのことを考えている。彼女は憂鬱になり，おびえだした。憂鬱なのは，バートが5年前に死んでしまい，彼女には一緒に住む人や話しかける人がいないからだ。そして将来のことや，暗闇や，自分自身のことにおびえている。彼女は多くの時間を料理と食事に費やす。そして彼女は無気力になり肥満になった。けっして運動をしないのだ。彼女は1日に40本のタバコを吸い，血圧は安全とみなされている値をたえず上まわっていた。
　彼女の反復している自己破壊的行為を指摘したとき，彼女はそれを否定した。「私はいつだってお料理が好きなの。今はお料理をしてあげる人が誰もいないわ。バートはケーキが好きだったから彼にケーキをつくるのよ。そうしたら誰かがそれを食べなくてはならないでしょう。捨てるなんてできないもの。だから私が食べるの。あとで気持ちが悪くなるけど，すぐにもとに戻るわ。それが彼を思い出のなかに生かしつづける方法よ」と彼女は言った。
　彼女は無力感や高血圧を，一般的中年女性の問題とみていた。彼女が新しい考え方をするようになるには，正確な情報を提供し，その情報を正しく評価し納得するように援助する必要があった。バートの死を受け入れていないことが問題であるということを，彼女はまず認めなければならなかった。その上，心理的身体的行動が加わっていったのである。この二つの要素はもつれあってしまっていたが，まずこの二つを完全に分離しなければならなかった。
　私は，問題とその感情的な心労はカブトムシの甲羅のようなものだ，とよく人に言っている。想像するのがいやでなければ，カブトムシを甲羅から離す光景をありありと浮かびあがらせてみるとよい。カブトムシは解決されるべき問題で，その甲羅は私たちがその上におく感情的な心労だと想像してみる。その重荷は背負いきれなくなる。私たちは，その問題や感情を上手にあつかうこと

ができない。私たちはまず二つを分類し，一つずつ処理していく。

　悲嘆のとき，いくつかの基本問題とやるべき仕事（葬儀，家族との示談，相続問題）がある。しかし，もし私たちが悩みや怒り，あるいは自責の念にかられているならば，これらに対処することが困難になる。それぞれの立場で，私たちは，問題と仕事あるいは感情のうち，どれを効果的に扱かえるかを決める。感情的な問題の処理を後回しにするかもしれない。つまり，問題や仕事に精を出しているあいだは，感情的なものはいったん向こうに置いておき（じゅうたんの上にかくしたり，ビンにつけこんだりするのではなく）問題がすっかり片づいたら，感情的なものに焦点を移す（その反対もある）。時として，仕事をやっているあいだにそういった感情が消え失せているしまっているのに気がつくこともある。

　同様に，生理的肉体的な問題に再度注意を向けてみよう。重度のストレスと向かい合わせのときは，心と身体のあいだには密接な相互作用がある。私たちの考え方は，身体的イメージの認識に影響を及ぼす。それがどんなものであるか，どんなふうになりたいのか，そして身体的イメージと身体の状態で，自分自身や他人とのコミュニケーションをはかろうとするときにも，私たちの考え方はそれに影響を及ぼすのである。

　問題中心に処理をしているとき，私たちは問題をはっきりと選定する。そして，可能な行動パターンをつくりだす。私たちは，どの行動パターンが実際におこなえるかを決定する。私たちは，試運転で行動を練習するのだ。それから実際の立場で行動を起こすのだ。

　感情に焦点をあてた場合，私たちはどんな感情が表出し，また隠蔽されるのかを確認しなければならない。そしてその感情を言葉で表わし，もっと外に出るべきか，それともそれを内に秘めて制御すべきかを決定する必要がある。私たちは，感情やそれに先行する考えを阻止する策を講ずることができる。また私たちは，感情による刺激や衝撃を表出しないような策を選ぶこともできる。

　問題に焦点をあてた場合でも，感情に焦点をあてた場合でも，私たちは順応するための時間をとることができる。拡散した問題や感情を整理したり，あつかいやすい形に全体を分解することもできる。ストレスや衝撃の処理は，自分だけで我慢せず，あるグループへの帰属感さえあれば解決も容易になる。しか

し，もし彼らが，自分が孤独で皆に誤解され，何の支援のシステムもないと感じている場合，彼らの立ち直りはむずかしい。人は自分の判断でつくりあげた自己像に頼っている。もし嘆き悲しんでいる人びとが，自分は自制的で，自己支援が可能であると信じている場合，彼らの反応は他人に依存していると思う人びととか，合理的に相互依存していると思っている人びとの場合とは異なるであろう。相対時間は，私たちの考えのなかで重要な役割を果たしている。短略的に物事を見る人は，失うということを完全な絶対的な壊滅状態であるとみなしてしまう。長い目でみることのできる人は，死や喪失が経験に統合され，自己像をそのような事態に適応できるよう変革することができる。その人の人生観であり世界観の適応能力が，他人の意識とコントロールに影響する。

　突然職を失うとか，恋人の死などの悲しい知らせを受けたときに，普通人はそれらの知らせがどれだけ本人のバランスを失わせたかということに注意を向ける。

「私は完全にうちのめされたわ。」

「わら一本で私をノックダウンすることだってできたでしょうね。」

「私は根底までゆるがされた。」

「すべてが，ほんとうに順調だったのよ。そこへこのニュースが飛びこんできたのよ。」

「私，取り乱してしまったわ。」

「どうしたらいいかわかりませんでした。」

「私は我を忘れてしまいました。」

　これらの表現はすべて，以前は安定していた状態から混乱した不安な状態になったこと，また自分のなかや自分と周囲の関係においてのバランスが，少なくとも一時的に狂ってしまったことを伝えている。これはニュースにたいして，上手に対応できる内的な再編成とバランスをとりもどすための積極的な修正と再構築の形を求めているのである。死の知らせが舞いこんできたときには，人の内的な経験のなかにいくつかの変化が起こる。自己とまわりの世界とのあいだに存在する平和と調和が崩され，自己像が変わることに気づく。以前もっていた所属感や愛されているといった自己像が，先立たれた，捨てられたというイメージへ変わる。

それは十分満足できた自己像から，人に死なれ，無力で不完全であることを経験させられた自己像へと変化する。私はこれまでに，配偶者との関係がうまくいっているあいだは自己像も満足いくものだったが，その関係が崩れたとたん，否定的で価値のない自己像に突如変わってしまうことを多くみてきた。この変化は，本人が対処していくには不可能なほどの経験を与える。
　このような強い自己像から困難にあってうまく対処できない自己像への変化を見て驚いてはいけない。このように自分ではどうすることもできないときに，自己像が相当な苦しみや不安，弱点を伴って揺り動かされるかもしれない。しかし，これらの状態は一時的なものであり，実際にその人の長期的な見方のなかでの能力や柔軟性を破壊したとは言えない。
　けれども，くじけずにやっていく人の場合，死んでしまった愛する人が生きている人にアイデンティティを与えたり，自己の価値を見いだす助けになったり，強い自己像などを与える機能を果たすこともある。一般的には愛する人を失うと，突如未熟な自己像が現われる。ここで見られるのは，目に見えて弱く未熟な状態が，喪失後悲嘆として現われる。
　この弱さは，先天的なものだとの見方を強く主張する人たちがいる。弱さや自分ではどうすることもできない状態を経験した人びとは，とくにこの見方を好む。彼らにとって納得できるし，人生の新しい局面に直面することを避けるためにも価値のある言い訳なのである。彼らはこう言うであろう。
　「私はこういう人間なんだって知っていましたよ。」
　「このことは家族を通しても言えるんです。家系（遺伝）なんです。」
　もう一つの考え方は，無気力はひどい心的外傷と葛藤の結果だということだ。突然，過負荷がかけられると，人は今までのようには対処できなくなる。ふつうの処理能力は混乱に陥り，過去を追体験し，無力を痛感する。人は失敗するとわかっているパターンをくり返すのだ。得るものは何もない。経験は苦痛であり，喜びと満足感を捜し求める無駄な追求におわってしまう。人は今にも崩れそうな自己制御力を維持し，変化と苦痛を伴う新しい環境に生きることを避け，過去にしがみつくのだ。彼らは，幻想を維持したい思いが，不安に直面することを拒む。その結果，人はよりいっそうの孤独，拒絶，自尊心の喪失を恐れ，無気力という反復行動に陥ってしまうのだ。

5章 考え方について

　多くの人がこの状態のままである。グリーフ・カウンセラーは，その人が前向きに悲しみに取り組んでいると誤って信じるかもしれない。悲しんでいる人の反応は，敏感で納得できるものである，その状況はしばしばまたとてもいたましいので，カウンセラーはその状況やその人になりきってしまう傾向にある。加えて，特別な悲劇があると，強い感情が簡単に引き起こされる。

　そのような悲しみに沈む人びとは，思い出してもどうにもならないことをくり返す状態になり，態度をコントロールし，ダメージを修復して統合と安心をとりもどすことができなくなってしまう。回復の過程は彼らの考え方のなかにある。彼らは胃や胸や足が覚えている悲しみを話すかもしれないが，たいせつなのは情報と記憶である。これらから，感情的，行動的な，さらなる反応を引き起す。

※

　27歳のロバートは，休暇のとき他の州で自動車事故で亡くなった。彼の両親がその知らせを聞いたとき，彼らは最初，それをどうしても信じられなかった。数時間，彼らは自分たちのなかにひきこもった。当時の状況を「ぽーっとしてマヒしているように感じた」と言っている。それから彼らは情報を確かめだした。彼は即死だった。事故のイメージが，心のなかをよぎるたくさんの思い出と一緒になだれこんできた。彼らはショックを受け，虚無感，激怒，無力感を感じた。そんな怒りや無力を感じるべきではないと思い，それは混乱と自責，恐怖と自己憐憫へと導いた。彼らは落ち着かず眠ることもできなかった。ロバートの父親は食べ物をもどしはじめ，母親はインフルエンザで寝込んでしまった。

　ある人びとは，これらの感情的，身体的，行動的反応を，悲しむ過程の一部として適応させることを主張するが，私はこれらの苦痛に満ちた反応を遮るために，いくつかの制御手段が必要だと考える。この両親の反応を，悲しみとしての行動という人もいるが，私は彼らの苦痛を和らげ，それを達成する方法を明らかにするためにすぐに動きたいのだ。

　もし私たちが，彼らの制御機能を変えることへの援助ができるとしたら，私たちは彼らの反応と，すべての状況を変えたく思うだろう。多くの悲しみに携わる職業の者は，この制御機能の修復の必要性を認めたがらない。この分野で

働く者は，制御は重要な目的だということを認めなければならない。次にあげたのは，この制御作用としての会話である。

「彼は今，ものごとをうまく処理していますか。」

「すべてうまくいってなかったけれど，今，彼女はうまく切り抜けています。」

「すべてを抑制することはむずかしいけれど，結局，誰もがある程度の抑制は必要なのだということがわかります。」

　喪失と死は，それ自体だけではほとんど成り立たない。それらは，記憶，空想，イメージや以前の喪失経験の不安を思い出させる。人生は喪失にはじまり喪失におわる。そしてそのあいだにも，いくつもの喪失がある。私たちの人生や喪失にたいする態度は，過去の経験がある程度喪失を乗りきる方法に影響を与える。私たちは自分の人生を振り返ってみて，親と離れたときどのように乗り越えてきたか，また，その親の親は喪失とどのように向かい合ってきたか，私たちの昔のお手本はどのようなものだったかを考える。またそんなとき，人間の死ぬという運命，孤独，依存への不安や経験，この世に足跡を残したいという決心を思い起こす。新しい考え方は昔の喪失の経験や不安を統合する方法であり，死ぬという運命への恐怖，現存の喪失感とその余波に対処する手立てである。

　突然のストレスが私たちを襲ったとき，子ども時代の喪失の経験は，現存の不安感にたいする理解には無関係にみえるかもしれない。しかし，私たちの昔の経験や自分自身の思考構造が対処の仕方に影響を及ぼすことを知り，驚嘆することがある。

❦

　30代後半のある女性は，人生における喪失感となかなかうまくつきあえず悩んでいた。彼女は自分の人間関係のなかで，その解決策を見いだそうとしたが失敗した。自分の子どもの頃の経験がいかに影響しているかを悟ったとき，彼女の態度はちがってきた。彼女は幼少時，孤児として捨てられ，問題の多い養父母に拾われた。両親の片方はアルコール中毒になり，もう一方は怒りっぽく彼女にたいして敵意をもっていた。学校でも仲間はずれにされ，反対に彼女は自分を成功欲に駆り立てた。彼女は仕事で成功し，個人的な友だちづきあいの

なかでも同じように成功をおさめた。しかし，幼少時代の不安が彼女を混乱させ，そのチャンスをつぶしつづけた。

　現在の喪失の不安になかなかうまく対処できない人がいるが，原因は今までにその方法を学ばなかったことにある。過去の出来事の忌まわしい記憶，自分自身に自信のない思い，ストレスに直接に対処できない態度が，彼らをがんじがらめにする。また，なにかよくないことが起こるかもしれないという予測と不安によって，自信や勇気が完全にそがれてしまう。多くの人は新しい考え方によって，この問題にたいする適切な態度を訓練し，発展させていくことができる。これはストレス注入法とか自己教育訓練法などと呼ばれる。それには正確な情報を集めること，起こりうる行動を予測しそれに対処する計画を発展させること，ゆとりをもち行動計画がうまくいくことを想像すること，などが含まれている。その人は状況を想像し，それにたいして自分がどう対処するかを訓練する。時にはリラックスして自信を持ち，対処する方法を段階を追って組み立てていくことが必要である。想像上で対処すべき方法を開発したら，抑圧の多い状況下でも勇気を持って行動に移すことができるからだ。

✻

　マイケルがジョーンに，彼女と別れようと思っていると告げたとき，彼女はとても悩んだ。3年以上も前から2人の関係が前向きな力を失い，徐々に後ろ向きに，そしてとげとげしくなっていくのに気づいてはいたのだが。ジョーンはマイケルを失っていくばかりでなく，20年にもわたって2人の関係のなかで築き上げてきたものを失いつつあった。彼女は高校の副校長という職を辞めるつもりでいた。

　「私は同僚や生徒たちにとても顔向けができません。彼らは私がたいそう責任ある地位にいると思っています。私は彼らがいい気になって私の陰口をきくと思うと耐えられません。」

　幸い，ジョーンは退職届けを出す前に，助けを求めてきた。

　私たちは力を合わせ，計画を実行できた。いかにしてマイケルとの実際の別れに対処するか，いかにして2人の財産，親戚，共通の友人に対処するか。彼女が最も悩んだことは，職場という公的な場で，自分の面目の喪失に対処することであった。ジョーンは，彼女自身のもつ，また公の地位ゆえに彼女がもつ

信念，態度，認識をはっきりと見きわめることにより，彼女自身の認識を変えることができた。彼女は何の暗い影もなく，人間的弱さと卓越した強さとを見せねばならないということ，彼女の退職は，彼女の強さ，卓越の意識をいくらかでも保つであろうということ，「陰口」は必然的に有害なものであったということ……。それは一般の人びとが彼女を判断する際にこのうわさという新しい情報のために，まちがった評価をされるからだ。

　ジョーンはとても張りつめていて，涙もろかった。彼女はリラックスするよう薦(すす)められた。その状態のなかで，私は彼女に，学校へもどることをイメージしてみるよう告げた。彼女がもっとも恐れる人を見つけてみなさい，と言った。リラックスしていない状態では，彼女は「職場全体」「学校全体」「彼ら」といった回答しかできなかった。リラックスしているときには，彼女は不快な反応をみせた人を5人あげた。彼女は，生徒たちや親たちといった学校社会の反応が全体的に彼女の自尊心を傷つけるという思いから，一時的な戸惑いへと変わっていったのを感じはじめた。リラックスした状態で，彼女に自分の困難と感じることへの対処法として，いくつかのイメージ・テクニックを用いるよう薦めた。彼女はいかに問題に対処していくかを練習した。自分をもっとも悩ませる状況を切り抜けていく自分自身を想像した。そしてまた，この3週間，自分がどんな状態であるかのか，イネージしてみるように言った。私は，彼女が自分の未来における自己認識と自信についてのはっきりしたイメージを描くのを待った。

　リラックスの期間の後，私はこのイメージ・テクニックを学校での実際の状況に適応させるように彼女に話した。彼女はより自信がついた気がすると言った。実際の状況では，私たちのこのイメージ・トレーニングとはちがった面がたくさんあるのだ，と私は強調した。しかし，彼女はそういった状況における自分の反応を客観視することができるだろう。この3週間，持ちつづけた自分のイメージにつねに元気づけられながら。

6章　心のなかの思い

　　そこでダビデは言った。「子がまだ生きている間は，主はわたしを憐れみ，子を生かしてくださるかもしれないと思ったからこそ，断食して泣いたのだ。だが死んでしまった。断食したところで何になろう。あの子を呼び戻せようか。わたしはいずれあの子のところに行く。しかし，あの子がわたしのもとに帰って来ることはない。」

　　　　　　　　　　　（サムエル記下 12：22-23）

　　……けれど私にはわかる
　　心に浮かぶ像がわたしを慰めるのが
　　そして悲しみの中にふたたび力が生まれるのが。

　　　　　　　（アルフレッド・テニスン）

　たいせつな人を失った深い悲しみと苦悩は，痛み，うずき，無力感となって表われることがある。しかし，これらの感覚を私たちはどこで感じるのだろうか。心のなかでなのか，体のなかでなのか，あるいは，この世界のなかの自分の存在と，自分と世界とのかかわりを経験する過程においてなのか。私たちは思い思いのやり方で境界線を引き，「これは心の痛み」とか，「それは体の痛み」とか言う。しかし，このような境界の定め方は錯覚か仮想であり，まちがっているのではないだろうか。過去に起こったことのために，私たちは現在にあって恐怖を感じ，どのようにして未来に立ち向かったらよいのかと考える。つまり，私たちは境界を使って自分の経験をばらばらにする。その結果，心に残るのはただ過去の出来事の記憶だけで，それを現在において経験するのである。たとえ，過去を再び体験し，過去に触れたいと思ってみても，私たちは過去というものを直接に知ることは絶対にできない。今以外の時はない。そしてこの現在というものは，私たちが過去とよぶものと，未来と考えるもののあいだに

挟まれている。

　私たちがつくりあげる境界は，私たちが自分の経験を理解するための手段になるが，それはまた，絶え間のないフラストレーションと不安の原因ともなる。人びとがよく次のように言うのを聞く。「私はその境界を越えて，もう一度過去を経験したい」「過去のある時――その時にはやはり〝今〟だった特別のあの時に戻ることができたら，どんなにいいだろう」等々。一方で私たちは，過ぎ去った時のなかに生きたというそのような願望に強く抵抗して，それを消そうとする。過去の自分と今の自分，そして，あの人たちと私たちのあいだにある幻の境界を消したいと思う。過去の自分と現在の自分は別々の存在として生きること，そして，その二つはまったく別のものなのだが，つながれて一つになる，ということに気づくことが必要である。現実にあるのは経験して知った疎外感と孤独，そして，融合とエクスタシーへの熱望と衝動である。

　喪失と死の体験は，ギロチンのように私たちの上に落ちてくる。そして私たちは最後に，あのどうしようもないおしつけられた境界と思われるものにぶつかる。人間はおそらく，その死というものの神秘に気づきはじめて以来，この境界を考え，またそれを破壊しようとしてきた。人間はこれまで，寿命を延ばし，壊れない記念物やシンボルを建造し，不死の理論を考え，永遠の命と天上の堅琴さえも与えてくれる神を信仰する宗教をもつことができた。しかしそれでも，私たちはあの境界線の所にやってきて，死ぬ。その向こう側に何があるかは誰も知らない。

※

　身近な人が死ぬと，私たちの気持ちは変わる，行動も変わる。話すときの声の調子も変わる。大声を出したり，強い調子で物を言うことはなくなり，口が重くなる。このような時期に，私たちは，宗教的なイメージ，宗教的な行為に触れるのが常である。これが，心を癒す一つの方法であるとさえ言えるかもしれない。人の死に立ち会うとき，私たちは，いま別の場所に移って行こうとしている霊魂に別れを告げるのだ，という素朴な考え方にちょっとのあいだ立ち戻ることがある。そして霊魂が私たちの上に危険をもたらさないようにという気持ちから，私たちは静かにして，死を悪く言わないように気をつけるのである。これは，レイン（R. D. Laing）が自分の祖父の葬式について次のように

書いているのと対象的である。

> ……私の父は，私の知るかぎりで最も純粋な心の持ち主のひとりだった。父は自分の父親以外のことでは，どんな場合にも，人に反抗するような物の言い方をしたことはなかった。父は，自分の父親が母親にたいして，「神経をずたずたにする」ようなことをしたと思っていてそのことで父親をけっして許さなかったようだ。私と父が，祖父の葬式を終えてその墓を後に歩きはじめたとき，父は私の方を向いて言った。「あの野郎が死んだ。」父の言葉はそれだけだった。(p. 77)

私たちは，自らの考える境界というものとつねに戦いながら，しかもそれにしがみついているが，それにもかかわらず，私たちは，万華鏡のように絶え間なく変わる模様，織り方，色，組み合せの一部なのである。そして残りの場面ともつねに関係をもち，それを観察したり，体験したりすることができる。これに気づくことこそ，喪失の悲しみの時期に必要な内面の心の認識に向かう大きな一歩になる。宗教的な行為というものは，つねにこのようなことを認識するために用いられてきた。宗教の形式のなかには，喪失の悲しみの時期にそれが果たすべき役割を過大に主張してきたものもある。社会全体としてそのような役割を果たすべき組織が作られたことはなく，ひたすら宗教のやり方に従ってきた。それが最も効果的，合理的，そして役立つ方法なのかどうかということにたいして，批判的な考えはなかった。内的な心を構成することが必要なそのときに，宗教によって強調される境界線——この世とあの世のあいだ，死と復活のあいだ，神と人のあいだ，善と悪の境界線——が，そのプロセスの助けとなるかどうかを，私たちは問わねばならない。

内的な心を再構成する時に，私たちは新しい境界線を引き，古い境界線を消す。そして，人間は一つの宇宙，一つの統一体の一部であり，全体を知ることは部分の痛みを吸収する方向に動くことであるという，究極の形而上的神秘に触れる。

境界線は——自我と非我のあいだのものでさえ——変化し得る。ケン・ウイルバー（Wilber, 1979）は次のように書いている。

> （境界線は）引き直すことができる。人は心の地図を描き直し，それまでは，存在しうるとも，到達できるとも，求めることができるとも思っていなかった領域を，新しく発見する。(p. 5)

喪失の時期の苦痛は，いわゆる境界というものを私たちはどうすることもできない，という思いである。境界が存在しなければ，境界を越えることができれば，あるいは，それを引き直すことができればどんなによいだろうと私たちは思う。私たちは過去のなかに生きることはできない。二つの場所に同時にいることはできない。生きていながら死者の仲間に入ることはできない。墓に行って，そのなかにいる人と結ばれることはできない。私たちにできるのは，現在という瞬間に生き，苦しみを体験し，しかもそれを越えて生きるために，苦しみの意味を解きあかすことだけである。

　過去のイメージを絶えずよみがらせる記憶，それから過去の境界を越え，未来において再び結ばれたいという願望，この二つがつながって混ざり合ったところに，現在の苦悩がある。この苦悩に対処するのはひじょうに困難で，私たちはそれにがんじがらめにされてしまう。そしてその苦悩は，私たちの行動，私たちの健康と幸福，すなわち私たちのライフスタイル全体に影響を及ぼす。

　私たちの心のなかの思いというものは，その人が苦しみをどのように体験しているかを反映している。もしその人が，境界線を引き直すのを助けてもらえるならば，苦しみの体験の仕方はちがったものになる。もちろんそれには強い抵抗があり，それも当然である。しかし，深い悲しみからくる苦痛にたいしては思いやりのあるそして急の介入が必要となる。苦しみがひとり歩きをしなければならないというのには賛成できない。

※

　記憶をつくり変えたり，それを遠ざけたりするのは無理なことである。私たちはよく，重要な出来事や，日付けや，人の顔を忘れる。それでも40年前に起こったつらい出来事は，ごく細かい点までも思い出すことができる。心的外傷の記憶は，たとえ断片的であっても，容易に忘れ去ることはできない。その記憶がもはやそれほど心を乱すものでなくなったときに，それは突然に再び現われ，しかも以前よりいっそう強い力で私たちを混乱させることがある。私たちは自分の持てる力を出すこともできず，悲しみと，やりきれなさのなかに長い時間を過ごさねばならない。ある人は，魔術の力を借りてそのことは起こらなかったのだと考えようとする。そうすれば，過去は跡形もなく消え，境界はなくなる。またある人は，過去を忘れて何とか生きていきたいと考える。またあ

る人は，過去を忘れることはけっしてできないと思っている。

　しかし——つねに——私たちは，自分の苦悩，自分自身の内的経験，自分自身の精神の経過を処理しているわけである。それは，過去とよばれる客観体ではなく，現在とよばれる主観的経験である。変える必要があるのは，誰か他の人間ではない。最も大きく影響されているのは，私たち自身である。記憶をぬぐい去ることはできないが，記憶の有りようを変えることは可能であることを，私たちは知っている。

　ある記憶が私たちの心のなかでどんな状況にあるか，その有りようを変えることは可能である。記憶の意味と，その記憶を描写する言葉を変えることは可能である。ひとつの内的環境と新しい状況を創造することは，内面的にも外面的にも可能である。新しい状況のなかでは，記憶がそれほど強烈で苦しいものでなくなり，しだいに弱まり，癒される方向へと向かう。

　諺や言い習わしでは，時間が癒すという。しかし，その過程をさらに注意深く見ると，そこには時間以上のものがあることがわかる。人びとは記憶についていろいろの言葉でしゃべりはじめる。そして自分も新しい経験の一部になる。「新しい感情には古いものを排除する力がある」とも言われる。新しい感情には新しい関心と興奮が加わり，喪失による古い苦しみの感情は，以前ほど重大で強烈なものでなくなる。一連の活動が合わさって影響力をもち，ある記憶がそれまでとはちがったやり方で経験されるような環境がつくられる。その記憶があらゆる関心事のなかで優先権をもつものではなくなり，順応性のない考えや行動に走ることが少なくなる。

　私たちはこのようにして，記憶と心のなかの思いを認識する。私は，瞑想のさまざまな方法を調べているあいだに，このアプローチに気がついた。ミルトン・エリクソン（Milton Erickson）が心理療法における催眠のためのフォーマットを開発していたことを，私は後に知った。それは，心的外傷の記憶や喪失の悲しみのなかで体験する痛みの処置に，確実に応用できるものである。

　私は，弛緩と瞑想の状態のときに心のなかに自然にわき起こるイメージというものに，以前から関心をもっていた。自律的弛緩訓練の一部をとってみれば，そこにはひとつの単語，ひとつの概念，ひとつの物音によって引き起こされるイメージの創造がある。私がそのメソードを教えていたある場所は，あいにく

数分おきに列車が発着する鉄道の駅のすぐ近くであったため，騒音がじゃまになり，気持ちの集中が妨げられた。ついに私たちは，いろいろな騒音に対応する色のイメージづくりをはじめた。たとえば，速度を落としつつある列車と，速度を上げつつある列車に対応するものである。私はこれを人間相互間の関係や葛藤にまでひろげようと考えた。まず，特に強いフラストレーションをかかえている人を選ぶ。弛緩の状態のときに，その人があなたの体のどの部分を占めているかを知る。次にはその人があなたの体の別の部分を占めるように変える練習をする。あるいはまた，その人をあなたの体から離すことを練習する。このような練習をした結果，私たちとその人とのかかわり方に，それ以後明らかに何かが起こりそうであった。これを，死んだ人，あるいは私たちを拒絶した人にたいしておこなうことはできないだろうか。

✣

　同じ頃，私は「味方さがし」というテーマの記事を新聞で読んでいた。その要点は，弛緩と瞑想の状態においては，ある対象——動物，昆虫，鳥，人，あるいは何か動く存在物——がイメージとなって自然に現われる，というものであった。これが，あなたの人生のやさしい味方かもしれないのである。その形は何であれ，それを追いかけ，それがあなたに何を伝えようとしているかをたずねることがたいせつである，と書かれていた。それは多少非現実的な感じがしたが，私は試み，そして興味深い結果を得た。私は他の人たちにもそれを試みるように勤めた。その結果，彼らもその経験に関して肯定的な，時にはそれをさらに拡大した報告を寄せた。私はそれから，とくに苦悩の時期に助けとなる味方を創りだそうと試みた。これはあまり成功せず，そのためには別の方法があるのではないかと思った。

　しかし，心というものはかなり自由なもので，予期しなかった刺激的なメッセージや意味を運んでくれる重宝なイメージを巧みに創りだすことができるのだということが，さまざまな調査から明らかになった。私たちはその味方に向かってたずねてみた。「私はなぜこのことで苦しんでいるのだ？　今のこの苦しみの程度を変えるにはどうすればよいのだ？」イメージに向かってこのような簡単な質問を投げかけてみてすぐにわかったことは，ひとつの記憶について，同時に二つ以上の話し方をすると，その記憶の強さは変わるかも知れないとい

うことだった。私たちの脳にはいろいろの部分，あるいはいろいろの意識レベルがあるように思われた。イメージおよびイメージへのアプローチは，優勢でないほうの半球により多く関係し，直接意識される心にはたらきかけるのではなく，意識の潜在する状態にはたらきかけるのではないかと思われた。

　つらい出来事に関する私たちの記憶は，実際の出来事と同じではない。私たちは時どき，出来事そのものよりそれについての記憶のほうがもっと苦しいと感じてしまう。私たちは出来事とその直後に起こることには対処できるが，その記憶が私たちの上に重くのしかかることがあり，こうなると（私たちが持っていると感じている）手持ちの手段ではもはや間に合わない。記憶のなかで苦しみを処理するとき，私たちはその出来事やそれをとりまく世界と実際に，直接に接触しているのではない。そうであるにちがいないと思ってつくりあげたものを処理しているのである。私たちはそれに，ある特別の意味を与え，それを思い浮かべ，それにレッテルを貼り，ひとつの状況をつくりだす。私たちはその状況を歪めたり，その一部を取り去ったり，何かをつけ加えたりして，他の状況や経験，他の人びとまで当てはめようとするかもしれない。私たちは，その記憶，その感情の重荷，記憶とその反復性を表わすために使う言葉などから離れられなくなることもある。記憶がどのようなものであり，それをどう語るかということによって，その人がどんな人であり，現在をいかに生きているかということが，ひとつの比喩となってしだいにわかってくる。

　人びとが悲しみに暮れているとき，記憶の中身をくり返し話してみても，その人のつらさは思ったほど軽減されるものではないようだ。このことは，手を差しのべる友人，親類，カウンセラーにはしだいにわかってくる。私も気がついたことだが，悲しんでいる人びとは，過去に実際に起こったことは重要なものであり，私がそれについて聞きたがっているにちがいないと思っている場合がとても多いのである。しかしほんとうに重要なのは，彼らが心のなかでその記憶とどうつき合うかということである。そのことをくり返し話すことは，多くの場合その人の憤りや，やり切れなさを映しだすことになり，心的外傷にたいする自分の反応を，抑制のきいた静かな状態にもっていこうとする建設的な作業であることは少ない。

　「そのことを，もう一度全部話せば，私は救われます。」

「思いきりわめくと，私は楽になります。」

「私がそのことをくり返し話して，もう一度それを経験すると，記憶がはっきりするように思えて，私は立ち直れます。」

このような発言を聞き，背後にある仮説はひじょうにうたがわしく，関係者はみな，そこに何か有益なことがおこなわれているのだと信じてしまう。しかし，それはたいへんな誤解である。記憶とその意味を認識するためには，もっと熟考するプロセスが有益なのである。

❖

52歳のベリルは，「私はとてもつらいのです」とくり返し言った。彼女はその10日前に夫を亡くしたので，その悲痛な気持ちを表わしているのだと私は思った。私は彼女にたずねた。「どこでそのつらさを感じますか？ いつ？ どんなふうにつらいのですか？ どんな気持ちですか？」彼女が亡夫のことを話しているのではないということに，その時，私は気がついた。彼女は「私の気持ちは」と言っていた，つまり，彼女自身のことを話していたのである。彼女は自分の状態を表わすのに「私の気持ちは」という言葉を用い，前後関係をまったく省いてそのときの状態だけを言っていたのである。

私が彼女の話をさらに聴いていくうちにわかったことは，彼女のつらい気持ちは，夫を亡くしたためというよりも，その6カ月前から夫以外のある男性と関係をもっていたことにたいする罪の意識からきている，ということであった。彼女は子どもたちがそのことについて何か聞きはしないかと恐れていた。そう，彼女は夫の死によって苦しんでいるのではなかった。彼女と夫の関係はよいものではなかった。夫は父親としても子どもにあまり深くかかわっていなかった。それでも，そのような状態を改善するために断固たる行動をとったことはなかった。

私が話すにつれて，彼女の痛みというものは，私の想像とはひじょうにちがう状況におかれるようになった。彼女は，自分の使う言葉と夫にたいするより広い見方とによって，自分が体験しつつある内的な感覚に，さらに正確な意味を与えることができるようになった。彼女はまた，自分の意識をこの感覚で一杯にしたり，その他の関係（たとえば子どもとの関係）にそれを当てはめることはせず，むしろその感覚を分離し，縮小することができた。彼女のつらいと

6章 心のなかの思い　75

いう気持ちは，それまで彼女がどのように考え，何を信じ自分をどう見てきたかということの結果として出てきたものだということに，私は気づいた。したがって，たとえ私たちが彼女の感情の跡を理解するようにと言われたとしても，彼女の考え方，信念，見方を表わす別の新しい言葉とは，別の方向にそれていったかもしれない。

　ミルトン・エリクソンの療法を用いるならば，悲しんでいる人がどのような言葉を使って自分の感情を伝えるか，その様子のなかに，表面の構造と深部の構造を見ることができるだろう。私は1人の青年の家族を訪問した。青年の寝室には父親と母親，それに2人の十代の姉妹が集まっていた。彼はその前日に23歳で死んでしまったのだった。

　私はたずねた，「何があったのですか？」
　父親が答えた，「車にやられたんだ。」
　それは，表面の構造であり，私はそれをそのままにしておくこともできた。しかし，たくさんの果実をつけた木が，誰かが枝を揺するのを待っているように，それは何かを待っていた。誰も揺すりたくはなかった——木から何が落ちてくるかわからない。事故は午前3時に起こった。その息子は，友だち2人といっしょに自分の車に歩いて戻るところだった。彼らはひどく酔っていて，スピードを上げて走ってきた車が見えなかったようだ。「車にやられた」という言い方では，車を運転していた男がいて，彼が止まらなかったこと，そして彼もまた，ひどく酔っていたことなどは明らかにされない。これが深部の構造，つまり，青年の家族の呆然とした顔と，やり切れない悲しみの裏にあって語られなかった状況である。

　「息子さんはどうして亡くなったのですか？」
　「戦死ですよ。」
　「奥さんはどうなさったのですか？」
　「心臓発作で死にました。」
　「ご家族はどちらに？」
　「みんなナチスに虐殺されてしまった。」
　あるレベルにおいては，私たちの知りたいことは全部言われている。しかし，別のレベルにおいては出来事の意味や状況について何も言われていない。なぜ

なら，それらは人の思考，感情，行動を通して作られるのであるから。出来事と記憶は，その人がどこへ行くにも持ち歩く手荷物のようなものだ。あるいは，その荷物は，その人はいつも手元にあると思っているのだが，実際は家の奥の部屋にきちんとしまいこまれていて，その部屋以外の場所には現在という時を暮しよくするために，家具が備え付けられているという状態にたとえることができる。

※

　いろいろな記憶と，その扱われ方について，私たちはどうしても比喩を用いて話さなければならない——なぜなら，たいていの場合，それらを正確に表現する明確な方法が他にないのだから。そこで，痛ましい出来事の記憶は，心のなかのリビングルームに置かれた一つの家具であるということができる。この家具は大きくて，その部屋にはもはや具合いよくおさまらなくなっている。でも，それはいつもそこにあって，邪魔で，厄介なものである。もしその家具の置き方を変えてみたら，部屋の様子はどうなるだろう？　もしあなたが静かな夜のあいだに3人の人を呼んできて，厄介な家具を片隅に移動したらどうだろう？

　そしてその一角を飾って，その家具がもっと部屋に調和するようにしたらどうだろう？　もしあなたが出かけて行って，あなたの今の暮しに役立ち，気持ちの良い家具を買ったとしたらどうだろうか？

　比喩とイメージによって，私たちは痛ましい出来事を制御する感覚をとりもどし，記憶の存在を認めた。記憶をすっかり取り除こうとしたのではない。もし私たちが記憶というものを前とはちがった状態にして持ちつづけることができるとしたら，物事がどのように見えるだろうか，とたずねただけである。変えることができるものとして私たちが挙げたのは，場所，状況，その記憶の重要性と意味である。私たちは記憶とその周辺の状況を構成し直した。そこで，この過程が内的な心の再構成という形でおこなわれ，悲しんでいる人の意識のそれに関連する部分がそれを受け入れ，その結果，記憶そのものが影響を受けることになると考えたらどうであろうか。

　これがたまたま，私自身の厄介な記憶にたいしてひじょうに効果があった。その記憶はたびたび活性化し，さまざまな場面で，意図しないのにくり返し強

化された。記憶の内容はそれほど重要であるとか，差し迫っているというものではなく，私がそれに与えた意味と重要性が問題だった。出来事とはその数年前にあったことだ。私は後でとても後悔するような行動をとってしまったのだ。その行動がまわりの人びとにひどい迷惑をかけたのだが，私は，正しいことをしたのだ，ためになることをしたのだと，しばらくのあいだは考えていた。
　しだいに，私は自分の判断の誤りの大きさと重大さに気づいた。自分のしたことの記憶と，自分の誤った判断の結果という二つのものが，しだいに重さを増し，他の面まで広がっていった。すべてを取り返したい，時間，空間，状況，人びとなどの境界を再び越えて，すべてを，今度こそ正しくやり直したいという空想的な強い願いが執ようにつづいた。さまざまな方法で，いろいろな機会に，私はそのようなことを試みたが，不可能であった。
　もしあなたが一つの石を池に投げると，それは小波を起こし，さまざまの波紋が広がる。池の環境はその石によって乱され，ある変わり方をする。たとえあなたがその同じ石を取り出して，同じ所に投げたとしても，池に起こる波紋は前とはちがうもので，その跡を辿ったり，それを止めたりすることは不可能である。
　私たちの判断と決定の構造についても同じことが言える。一つの決定にもとずいてひじょうに多くのことが起こるので，もう一度はじめからやり直すというわけにはいかない——新しい境界線が引かれ，新しい人びとが変化した状況の一部になっている。一度乱された池は再び静かな状態にもどるだろう。しかしあらゆる点で前とはちがっている。
　私は自分がその記憶に関して，ある言葉づかいをしているのに気がついた。私はよく次のように言った。
　「引き返して，もう一度すっかりやり直せたらよいのだが。」
　「いま思えば，別の道を通ればよかったのだ。」
　「私は踏みとどまるべきだったのに，歩いて行ってしまった。」
　「あまり急ぎすぎたのだ。」
　ある女性は，自分の記憶を「とても悲しい，とても重い，そして，気力を失わせるような」（すなわち，重さと身体に関係のある言葉で）表わしたが，私の表現はそれとはちがい，線状で，方向性があり，進行に関係のある言葉だっ

た。言葉に重荷を加えるのは言葉であった。私の置かれたさまざまの状況を執ようにうつしだすのも言葉であった。そこにいる私は，その記憶と関連があり，それが自分の人生の他の決定と方向にどう影響したかということとも関連がある。

❈

ある日，静かな，くつろいだ時間と場所で，そしてそれは，実際の出来事から少なくとも20年後のことだが，私は，今となってはどうしようもない，いくつもの境界の向こうにあるこの記憶に関して自分に何ができるだろうか，と私の「味方」にたずねてみようと思った。しばらくして私のなかから焦る気持ちがすっかり消え，私は逆らわずに力を抜いたとき，味方が次のように言うのを聞いた——「辛抱して待て。」

多少のもどかしさを感じつつ，あの記憶をすこしでも変えることは何をもってしてもできないのだと意識して考え，私は待った。言うまでもなく，何も起こらなかった。私はさらに力を抜いて無抵抗になった。

次の瞬間，気がつくと私はひどく古い下宿屋にいた。毎朝仕事にでかけるときに，私は階段を降りて玄関ホールに行くのだが，ホールの片側には鏡とコート掛けがあり，もう一方の側には古い額縁に入った汚れてぼやけた絵が掛かっていた。私はそれまで毎朝していたようにその絵をみた。しかしこの日，何かが私に命じた——変色して今は無用のあの絵は，もう屋根裏部屋におくように，と。私はすぐにそのとおりにした。階段を降りながら，悲しみとほっとした気持ちがわずかに混ざり合った思いで，私は考えた。もうあの絵を見ずにすむのだ——わざわざ屋根裏部屋まで見にいかないかぎり。

それまでは，私が玄関の扉から出入りするたびに，それが目についたのだが，それ以後は，それを見るかどうかは私が決定することになった。このようにして，私の記憶は完全に新しい状況におかれ，新しい意味とアプローチをもつようになった。自分自身のこと，自分とその記憶のかかわり方，そして以前に自分が引き，いま引き直された境界線のことなどを，私は自分で決定することができるのだった。

人びとの内的な心の再構成を援助するときに，私が人びとに求めるのは，抵抗せずに力を抜き，静かで瞑想的な恍惚状態に徐々に入っていくことである。

彼らは一方では，私が使うひとつひとつの言葉に注意を集中するだろう。しかしもう一方で，私の選ぶ単語，言い回し，イメージは，彼らの理性的な意識の下に滑り落ちて，潜在する意識レベルに達するだろう。悲しみにくれる人が自分の悲しみに関して使う言葉を注意深く聴いた後で，今度は私が，彼らが自分のつらい喪失とその記憶を描写し，それに意味を与えるために使った単語，言い回し，イメージを使いはじめる。私は言葉の速度を落し，声の調子を変える。そしていろいろのイメージやテーマを使いながら，それらを巧みに，自由に処理する方法を生みだしはじめる。その人の言葉に歩調を合わせ，つらい思い出に近づきながら，私はその痛みの感じ方，表わし方，経験の仕方を変える可能性を探る。心の内にあるもの，それが置かれている状況，そしてその状況に与えられた意味を配置しなおす方法を探る。

　意識の一部分に話しかけながら，私は類推による転換をおこなう一方，別の潜在する意識のなかにあるメッセージとイメージを強める。今まで，記憶とその意味に順応性がなかったのは，その一部が歪曲されたり，削除されたりしたためであった。それにたいする手段として，私はその人びとの不安や痛みを表わす言葉をとりだし，それを弛緩と力を表わすシンボルとイメージのすぐそばにおく。自分の記憶にしがみついているのを感じている人びとの前に，1羽の鳥が木から飛び去るイメージをおく。鳥は飛びつづける。木はたいせつな務めを果たした後，鳥を飛び立たせ，後悔も悲しみもない。1人の人間が，ビルの残骸のあいだをさまよい歩いているとしよう。かつては活動の場であったが，今は荒廃して冷たい風が吹いているばかり。もし耳を傾ければ，風が廃墟に運んでくるメッセージが聞こえるかもしれない。風にとっては廃墟も目につきやすいもので，いま，メッセージとなって吹き抜ける。風は悲しみにくれる人びとへのメッセージをもってきたのかもしれない——「コンクリートのあいだから生える草を見てごらん。」

※

　ある初老の男が妻を思って言った。「あんなふうに妻が苦しんでいるのを私は見ていられなかった。痛ましい死に方でした……とてもつらいのです。」
　私は彼が黙るのを待って，ゆっくりと次のように言った。「奥さんは死んでいくのは苦しかったでしょう。でも，長く留まればもっと苦しかったのです。

おそらく奥さんは留まることができないと知っていたのです。それでも，あなたがいかせてくれるまで苦しみながら頑張ったのです……。」実際，彼女はこのときすでにこの世の人ではなかったのだが，その男は妻の痛みを思い出しては苦しんでいた。私が彼に向かって言った言葉によって，彼がしていること——妻がすがりつくこと——の意味が変わった。いかせることによって，妻もその夫も，事実上苦しみから解き放たれた。

　私が悲しみにくれる人に向かっていう言葉のなかには，埋め込まれた質問，埋め込まれた会話，埋め込まれた命令があり，それらが内的な心の再構成のために用いられる。

　「あなたの娘さんの思い出……それは，娘さんを特別の額縁にいれ，それにラベルを貼って壁に掛けておくようなもので。あなたは毎日ラベルの字を読みます。あなたは毎日苦しみます。もし私たちが額縁を取り替えたら，どうでしょう？　私たちがあなたの娘さんをまったく別の，新しい額縁に入れたら，どういうことになるでしょう？　そして，もし私たちが額縁に別のラベルを貼ったらどうなるでしょう？……〝忘れられない苦しみ〟の代わりに〝勇気とインスピレーション〟あるいは〝大きな全体の小さな一部〟というラベルを貼ることはできないでしょうか？」

　このように，私の質問はさまざまな可能性から生まれる変化を探ることができるように考えてある。私たちは質問することによって，彼らが自分の内的な世界を配置しなおすのを促す。私たちは，記憶のまわりを歩き，それに別の意味を与え，それに向かってメッセージを投げることができる。そのメッセージが記憶のインパクトを変化させ，その人の在り方と，その人と世界とのかかわり方のなかでの記憶の位置をなおすことができる。

　命令もいろいろな形で埋めこむことができる。

　「あなたが娘さんのことを思うたびに，彼女の勇気とインスピレーションを思い出しなさい。こうして静かに考えるたびに，そっと次のように言いなさい。『私は，より大きな全体の一部になっている自分を感じる。大きな全体が私をとり囲み，私を良い方向に向かわせる』ようにです。」

　「あなたの全生命が多少とも癒されるまで，ゆっくり待ちなさい。そしてさらに，あなたが完成点に達したと感じるまで待ち，それから黙想の状態を出て，

こう言いなさい。『私は前向きにやって行けそうだ』。」

　記憶が苦しいものである場合，悲しみに沈む人は，自分の内的体験と内的環境に，不安と癒されない毒気を感じる。彼らはまた，自分と外界の相互作用がリラックスした快いものではないということに気づく。リラクセーションと再構成がおこなわれることによって，彼らは一つの内的な世界を創りはじめ，それが癒しと休止の助けとなる。呼吸法を変え，リラックスすることによって，外界との相互作用もまた，癒しの過程に受け入れられ，もっと協力的なものとなる。

＊

　ある34歳の女性が，5カ月のあいだ悲しみつづけていた。彼女は自分の父親をたいそう慕っていた。ある週末，父親が彼女の家に訪れた。日曜日の夕方になって帰ろうとしたとき，彼は突然に倒れて死んでしまった。彼女は言った。「父が倒れた瞬間のあの悲しそうな，どうしようもない表情を私は忘れることができないのです。病気ではなかったのです。死の前兆など全然なかったのです。ひどいショックでした。何よりも，父の顔の，あの表情が忘れられなくて。」

　私は，その表情が何を伝えようとしていたと思うかと，彼女にたずねた。しばらく考えて彼女は言った。「スクリーンが突然に落ちたのを知った父は，それ以上何を言うことも，何をすることもできなかったようでした。ただ，とても悲しく，どうすることもできない，という表情でした。」

　私は彼女に，無抵抗で瞑想的な恍惚状態になってリラックスするようにと言った。例の出来事を元の状況にもどしておくようにと言った。彼女の父親がドアを出たとたんに彼女の足元に倒れた，という状況にもどし，その先をつづけてほしいと私は頼んだ。

　「はい」と言って彼女は次のように話した。「父が死んでしまったと知って，私と夫は父を抱き上げて居間のソファに寝かせました。子どもたちを部屋の外に連れ出してドアを閉めました。それから救急車を呼びました。救急車の人たちは父にちょっと目をやっただけで，運んでいきました。私はすっかり気が転倒して，寝室を出ることができませんでした。」ここで彼女は泣き出した。

　私は彼女に言った。深く息をして，ゆっくりと時間をかけて，これから心の

なかの苦痛を変えるであろう何かにたいして心の準備をしなさい，と。救急車が到着するまで居間のソファに横たえられていたお父さんの姿を，だんだんに思い浮かべてみましょう，と言った。実際，あなたとご主人がドアを閉めたとき，お父さんの記憶の周囲には，すでに境界が引かれていたのです。その境界をもう一度数分間開いて，あの夜の出来事についてのあなたの記憶と新しい接触を持つことも可能かも知れません，と私は言った。

　私はつづけて次のように言った。「もしあなたが，すでに引かれている境界を完全に越えることができて，救急車を待っているあいだに，お父さんが横たわっている部屋のなかにそっと滑り込んだとしたら，さあ，どうなるでしょう？　誰もあなたのことを見ていません。あなたはまったく1人です。思いだしてごらんなさい。お父さんの表情を見て，あなた彼が何かを言おうとしていたと思ったのでしょう？　でも，今はもう口をききません。お父さんはあなたを待っています。あなたは今，お父さんが横たわっているソファの後ろに行きます。そして彼のうえにかがみこみます。あなたはおそらく，お父さんがほんとうに行ってしまう前に，あなたの一番たいせつな言葉を伝えたいと思うでしょう。たぶん次のように言うでしょう。『お父さん，あなたがここで亡くなってよかったと私は思っているわ。車のなかでなくて……車を運転して家に帰る途中じゃなく，ここで亡くなってよかった……ああいうことになる前，私と私の家族みんなと一緒で，ほんとうによかったと思っているの……』。」

　彼女は泣いた。私はそれから，彼女が父親に一番伝えたいと思うことを言うようにと，静かに命令した。「そのメッセージが正しいことを確かめるために，お父さんの様子をよく見なさい。そのメッセージが正しいかどうか注意深く調べなさい。それから別れを告げなさい。メッセージが完璧なものであり，あなたのしたことはよいことだと思えるまで……そして，それについてあなたが納得できるまで，たっぷり時間をかけなさい。それから私のそばに座って，あなたがしたことについて私に話してください。」

　その経験のすべてを通して，例の出来事とその記憶はすっかりちがったものになり，彼女はそれにうまく対処する自信をもつことができた，と彼女は後になって話した。その過程で，私たちは彼女のつらい記憶に触れ，それを再構成し，別れの状況におき，新しい部分を取り入れた。そしてゆっくりと時間をか

けて，内的な環境が癒しを助けるようになるのを待った。また，彼女がもう一度自分の人生を支配する力をもち，父の死によって傷つき小さくなってしまうのではなく，それによって，かえって前よりも大きくなることができるのだということを彼女に理解してもらうためにも，私たちは十分に時間をかけた。

　このような内的な心の再構成の過程で私たちが時どき気づくことは，記憶の一部分，あるいは個人的経験のある部分は，癒しが起こるのを受け入れようとしないということである。妨害したり抵抗したりする部分がある。また，欠けていたり場違いであったりする部分がある。ある部分は，つらい状態を再び思い出させる原因になるが，なぜそういうことをするのか，その部分は忘れてしまっている。あるいは解っていないように思われる。私たちが内省的な状態にあるときにこの部分と接触をもち，それが何をしているのか，何をしたがっているのかを知ろうとする。

　ある人が言った。「私はボートに乗って湖のまんなかまできています。私はたった今，水のなかにある物を投げ入れました。それが何だったのかは知らないのですが，それは水の底に沈んでしまいました。ボートに座って見ている私は，ひどく惨めな気持ちです。」

　私はその人にたずねた。「もし私たちが，あなたが投げ出したという物と連絡をとることができたら，どういうことが起こるでしょう？　あなたはそれに向かって何と言いますか？……その物はあなたに向かって何と言っていますか？」

　彼は言った。「『おまえは私を投げ捨てたけれど，これからそのことをとても後悔するだろう』と言っています。」

　私はたずねた。「戻ってきてほしいと，あなたは頼めますか……それは戻ってくるでしょうか？」

　長い沈黙の後に，彼はきまり悪そうに言った。「ええ，それは戻ってきますが，湖の底で何かを見つけたと言っているのです。」

　私がたずねた。「あなたはそれをボートに乗せてくるつもりですか？」

　「もちろんですとも」と彼は言った。

　このようなことを心のなかに描きながら，その人は新しい部分を創造することができるようになり，事実そういうことが起こるであろう。その新しい部分

は，いままでその人につらい思いをさせてきた部分と同じくらいに重要なものである。その人が実際次のように言うこともある。「私の寂しさを変えてくれる部分がほしい……。」あるいは，「私の怒りとフラストレーションをうまく変えてくれる部分がほしい……。」

　人びとがそのような部分を持つことができたとしたら，どういうことが起きるだろう？　他の部分はそれを受け入れるだろうか？　彼らはどのような行動をとるだろうか？　新しい部分が受け入れられ，適当な場所に収まったときに彼らの気持ちと行動がどのように変わってくるかということを，私たちは一連の出来事を通してたどることができそうである。ここで，その人がイメージを探り当てるのに十分に時間をかけられるように，ゆっくりと進めることがたいせつである。そうすれば，必要な瞬間に，必要な癒しを素早くおこなうことのできる新しい部分を自分の経験のなかに組み込むためには，何を知り，何をする必要があるかということが，彼らにはわかってくる。事実その人は，空想のなかに踏み入って，ほんとうにそのことをするという経験をしようとしている。

　最初は，この過程はあまりにも非現実的に思われるかもしれない。しかし，新しい力を生み出し，傷を癒すために別の部分に目を向けさせる，そして過去の出来事を整理，統合して現在に適応させるというのは，あらゆる療法が目指し，試みていることなのである。

7章　心の焦点づけ

　　　　　　　　信頼は根の如くと知る
　　　　　　　　堅固で，鈍重で，古めかしく。
　　　　　　　　でもそれが緑の若芽や花を
　　　　　　　　寒さに抗って育ませる。

　　　　　　　　あらゆる泉が涸れ果てた時
　　　　　　　　流れ出る祈りがあると知る。
　　　　　　　　それは薔薇をよみがえらせ
　　　　　　　　杉の木々をそびえ立たすために
　　　　　　　　湧き出でてくる。

　　　　　　　　　　（ジェイムス・マコーレイ）

　痛切な喪失を体験した人びとは自分の心が思うようにならなくなるのをよく体験する。失った人や対象についての思いが心に溢れ，自責の念，他人への非難，人生の空しさと目標のなさについての思いがくり返し心に浮かぶ。仕事に集中する力がなくなり，容易に心が乱され，物事や人生一般にたいする不健康で抑鬱的な解釈にこだわりがちになる。

　人びとは四つの密接に関連した喪失の影響を受ける——すなわち自分自身の思考のコントロール喪失，抵抗する力の喪失，意味と目的の感覚の喪失，自己価値と自己効力感の喪失である。多くの人が言うには，心的外傷体験以前にはどんなときにも心のコントロールに困難を覚えるようなことはなかったのに，心的外傷それ自体が彼らの自信をくじき否定的な思考，不安，恐怖の侵入にたいして脆くさせているように思われる。

　援助者たちはこれが心的外傷の特徴と威力であり，それらはよく起こる反応であると肯定しがちである。ここでも再び状況の病理を受け入れ，同情と支持を表明し，最後には「なんとかなるよ」と保証を与えがちな傾向がある。

悲嘆を長引かせることと援助者によるその長引かせとの共謀は，人びとがこの状態にあまりにも長く留まることを意味することになる。私たちは，たいていの人は心のコントロールや焦点づけ（focusing）の方法，とくに情動的な混乱や障害の後のそれを一度も教えられたことがないということを見過ごしている。くよくよ心配することはたいていの人がしがちな行動であるため，どういうわけか正常なことと信じられる傾向がある。

　心と意識の焦点づけを学ぶことは可能である。外的攻撃に直面したときでさえ，あるいは執拗な自己破壊にもかかわらず，いかに抵抗力を再組織し失われた自信を回復するかを学ぶことは可能である。

　心のコントロールと意識の焦点づけに必要なことは次のとおりである。
1．心配事と心を奪われていることのすべての側面を十分に意識し認識し，心配していることあるいは心にかかっていることは何かを明らかにする。
2．すぐさまそれについて離れず，さらなる意味，圧力，明らかな執拗さを加える二次的情動を切り，基本的不安から離すこと。
3．基本的不安がいかにすばやく二次的情動と溶け合って，人びとに自分を敗残者，「だめな奴」，価値なき者，そして人生は無意味であると思い込ませるかを認識すること。

※

　ひとたびこの溶け合いが認識されたら，特有の対処技術を必要とする心的外傷から離れて，これらの問題点と心配を切り離し，人生の意味追求を継続させるかかわりをくり返しおこなわねばならない。医者が有毒物質に侵された足を前にしたとき，それがために人生の意味を問いはじめたりはしない。その足を取り扱う適切な治療手順を踏むだけである。同じ医者が妻か患者を亡くしたとき，彼がそう解釈するかぎりにおいて人生の意味がかかわる出来事になってくる。しかしそれでも，彼は心的外傷を取り扱う適切な治療手順を見いださねばならない。

　基本的な不安が明らかにされたら，それがそれから注意をはらう最大の焦点になる。それにまつわる仮定や信念を調べ，それをめぐって起こっている内的な会話を確認するためにそれに十分かつ徹底的に集中することがたいせつである。時には情動的なこだわりがなくなるまで徹底的に悲しんで，愛着の対象を

だんだん心動かされない対象に変える必要がある。心配事にいつまでも心奪われ浸り切っていることは，概して心配事がそれ自体の基本的内容以上のものを代表し象徴化するに至っていることを反映している。心配事は比喩にもたとえにもなり，情動的な重さや意味を獲得するので，それもその適切さと含まれる意味あるいは表現のされかたについて明確にされ評価される必要がある。

※

　落ち着かないイライラした心の先走りと思考過程は，喪失反応の一部として受け入れられる。あるいは予想，遮断，コントロール可能な現象と見ることもできる。心の先走りや心配をはじめる引き金となりがちな人びと，物事，思考はやがて認識できるようになる。もしそれらが充分早い時期に認識できれば，回避することや逃れることも考慮可能になろうし，もし防止策が効果を上げる前にそれらにより苦悩の引き金が引かれてしまったら，苦悩の経過を監視してやがては技術を用いて中断させ満足な結果が得られよう。

　肯定的で気分を盛り上げるような出来事や経験に短期に焦点づけるよう心を再訓練しはじめることができる。この技術が向上するにつれて報酬や満足感がその経験を促進し，訓練においてさらに探索と関与を深めてゆく。勇気づけ訓練（Macnab, 1985 参照）と同様，時としてこれらの技術の初歩的な予行演習が必要である。それぞれの恐怖が確認されることおよびそれを扱う予行演習が必要である。行動のためのモデルが支援グループの励ましと同様助けとなりうる。

　人がひじょうに脆弱性を感じていて，すぐに否定的で苦しい考え方に押しもどされてしまうときには抵抗力は特に貴重な属性となる。抵抗力の資源は四つの領域から引き出される。

1．自分自身の内部——態度，気分のコントロール，知覚された自己管理と自己効力感，過去の経験の組織化，創造力の統御，非合理で神経症的な行動からの自由，圧制的で拘束的な良心からの自由，人生を楽しみ自分自身のなかに幸福の積極的な感覚を発展させる能力。
2．他の人びと——重要な庇護してくれる関係者，勇気づけ励ましてくれる取り巻き，促進し鼓舞してくれる想像または空想上のとりまき，支持的な勢力者たちとグループ。

3．確証的な体験——現在あるいは過去に重要かつ肯定的なモデルで目上の人びとから引き出される。宗教的で霊的な影響。恒常的で肯定的な自己見直しの能力。安定しているが十分に柔軟で変化と外傷体験と必然的な喪失に応じられる人生観。

4．身体面の考慮——健康とフィットネス，金銭的資源，地位等その他の資源，家事と仕事のお膳立，気晴らしと埋め合わせ，気を引き立て，励まし，変えさせる芸術，音楽，詩，ペット。力強い情熱，追求，目標。

※

いくつかの方策が私たちの抵抗力の資源の一部となる。リラクセーションの技術。新しい視点がいかにストレス管理を変化できるかの学習。明確化された問題に焦点づけられた対処法と，問題にまつわったあるいは負荷された情動を扱うのに必要な対処法を区別する能力。抵抗力の資源には内なる声，信念，態度，前提，恐れの声に耳を傾けコントロールする能力の養成も必要とする。イメージが最善の努力を打ち壊せるのと同様，イメージを積極的な対処法，自分自身と未来についての期待の創出のために用いることができる。心配の焦点がつねに内部にあったとしても，人びとは自らを訓練して心配を外在化させ，自分自身の外部における問題または対象に変換することができる。以前の結びつきの威力を調べ，イメージ，自己対話，勇気をもつ予行演習を用いてこれらの拘束力を減少させついには断ち切ることができる。

人の自己価値，自己信頼，自己効力感の認識，自己価値がどこに由来し何に依存していると見るかに拠るところは実に大きい。

意識の再焦点づけの課題において，私たちはたいてい自己技術の再習得と自己価値の再構築の必要性を見いだす。自己価値と自己効力の感覚が，注意深い見直しと何らかの積極的再構築を必要とすることに本人たちも他人も誰も気づかなかったので，喪失や悲嘆に対処するのに人びとは多大の困難を味わってきた。喪失の後には人びとは「落ち込む」ものであり，一般的な同情と支持，忍耐と励ましにより「そのうちすべてよくなる」としばしば単純に考えられてきた。低下した自己価値によるこの苦悶と苦痛にたいして，私はさらにより人間的なアプローチを提示する。

最初に低い自己感覚の多様な表現を区別することが役に立つ。たいていこれ

が回復のための特定の方策に導いてくれるからである。低い自己感覚は次のように体験されよう。

 1．あらゆる重要なもの一切の喪失。
 2．1人の人に捨てられること。
 3．重要な人間関係は安定しているが仕事と地位における目的の喪失。
 4．支持的資源を見いだし得ない内的崩壊の感覚。
 5．とめどない自己非難と自己破壊の体験。
 6．無力感と抑鬱。
 7．貧弱で不安定な資源。
 8．自己信頼の喪失として解釈される汎化された混乱。
 9．それと認められた低い自尊心。
 10．それと認められていない低い自尊心。
 11．誤認された低い自己信頼とそれに伴う内的憤怒と行き場を失なった力。
 12．手術，発作，病気，事故により被った自己への損傷。
 13．低い自己技術，社会技術。

 私たちが目指すところは，人がより肯定的な機能と感情へ向かうのを，そして彼ら自身がその目標へ向かって動いているのに気づき体験するのを援助することである。彼らは自分が誰であるか，何をしようとしているのか，人生の方向をどちらに定めようとしているのか，どのような資源から動機づけと幸福感を得ようとしているかについての感覚を回復するだろう。それに見合った戦略は次のことに焦点をあてる。

 1．人の自己感覚を以前の経験や心的外傷から解放すること。
 2．人を内的な締めつけ，破壊，懲罰的な空想，願望，要求から解放すること。
 3．彼らの今現在の人生の文脈を建て直し，そのなかでの自律性を予行演習すること。
 4．人間としてのアイデンティティ，行動，価値観，期待の哲学を育て，そのなかでの彼ら自身の成長を見守ること。
 5．回復と成長の過程で，以前の歴史，対処技術，モデルの協力を得ること。

6．促進，支持してくれそうな経験や人びとと有害な人びとを明らかにし，その両方にたいする態度と決意を予行演習しておく。
7．出来事，経験，空想，イメージのうち，成長を阻害するものと，成長，実現，歓喜へと引き寄せてくれるものとの内的な対話をはじめる。
8．癒し，自信，自己価値をはぐくむイメージ，象徴，実践を追求すること。

※

　次の例は，ある人がいかに罪悪感の虜になったか——そして彼に何ができたか，彼がこれらの段階を踏んだら事態がどのようにちがったかの可能性を示すものである。彼の最初の訴えは行き詰まっているとのことだった。「もうそれが乗り切れなくなりました。どう生きていったらいいのか分かりません。」彼は仕事中はなんとか気を紛らすことができたが，帰宅するとすぐに自分の苦境を思い出してまた考えがコントロールできなくなるのだった。彼がくよくよ思い悩むことで，毎晩大きな可能性をもつたいせつな1人の人との関係が損なわれていた。彼の自尊心と自己効力感はよく保たれていたが，彼は二つの関係のどちらに身を置けばいいのかと心は千々に乱れていた。1人は彼の親密な相手，もう1人は彼の死んだ妻である。その出来事すべてが彼を「打ち砕いてしまった」という。彼の回復は彼を再び「つなぎあわせる」ことにかかっていた。

　以下に挙げられているジレンマは，この過程全体のなかのほんの一部である。彼との面接の直後にそのセッションの治療のまとめとして書かれたものである。

あなたのジレンマ

「私はジャネットを戻らせなかったことに罪悪感を覚える。彼女はよその男と関係をもった。私は途方に暮れた。彼女に戻るよう嘆願した。彼女は拒否した。彼女のほうの関係が終わりを告げ状況と態度が変わったとき，彼女は私のところへ戻りたいと主張した。私たちはそれを試してみたが惨憺たるものだった。良いことがなく私たちは別れた。しかし彼女は戻りたいと嘆願しつづけた。ある夜私が彼女の帰るのを拒んだ後に彼女はとうとう自らの命を絶った。」

回　答

　考慮すべき二つの段階がある。ジャネットの生きていた時と死んだ後とである。生前ジャネットは戻りたいと懇願していた。あなたはこれを拒否した。
　1．あなたはすでにキャサリンと満足のいく良い関係に入っていた。
　2．あなたはジャネットへの愛がさめて，今はキャサリンを愛していることに気づいていた。
　3．かつてジャネットとのあいだに結ばれていた強い絆は絶たれていた。
　4．あなたは結婚生活は破綻し元へ戻すことはできないことを知っていた。
　5．あなたはジャネットとのときに知らなかった自由と個人的な高揚をキャサリンとの関係に見いだしていた。
　6．このことは，あなたがジャネットを嫌いになり，気にかけなくなったことを意味しない。長らく彼女はあなたの生活の重要な部分でありあなたの4人の子どもの母親だった。あなたは関心をもってはいたが，ジャネットはその関心をもはやあなたが望まず保証もできない拘束された関係に戻そうとしていた。

― ❦ ―

　ジャネットの死後，あなたは彼女が頼んだときに戻らしていたら彼女は自殺しなかったのではという考えに悩まされるようになった。今や，彼女が死後あなたを自分のところへ戻ってこさせようとしているかのようだ。彼女があなたの楽しみと現在進行中の生活を邪魔しているかのようだ。実際は，ジャネットがあなたにそうしているのではないことが分かってくるだろう……。
　1．ジャネットの記憶が強大な威力，引っ掛かりになってしまった。
　2．しかし記憶はあなた自身の心の過程である。
　3．あなたは彼女が生きているときにはもっていなかった力を彼女のイメージに付与している。
　4．あなたはキャサリンとの関係に触れたとき，あなたたちの結婚がいかに退屈なものになってしまったかを語った。
　5．しかし，あなたは心のなかのジャネットあるいは彼女のイメージに暴威

をふるわせあなたを罰し未来から締め出してしまう。しかし今やジャネットはあなた自身のなかにある何かだ。それを自分自身の外におく練習をし，その正体を見きわめることがあなたにとって必要だ。
6．キャサリンに会う前，あなたはジャネットに戻るよう何度か強く提案した。後にもあなたはそれをつづけた。「ほんとうに引かれあっている」のはあなたとキャサリンだと知りながら。このことをあなた自身の声明，あなた自身の現実として受け入れることが重要である。

練習すること

あなたには，ジャネットの記憶を自分自身からより効果的に切り離すのを助けてくれる何らかのイメージが必要である。
1．ジャネットは本のようなものだ。本は完結した。棚の上に置きなさい。
2．私たちはあなたが本を見返しつづけていることに気づいた。そこでその本を簡単に見たり触ったりしにくい屋根裏部屋に置くことがだいじである。
3．本の一つの表われがあなたの家と調度品と見られる。ジャネットの記憶からうまく離れるためには，この家を売るかそれにたいして異なった態度をもつようになる必要がありそうだ。
4．このプロセスに並行して，あなたにたいして新たな扉がいくつか開かれたのを認めることがたいせつである。あなたが求めもしていないのに，あなたの雇い主が昇進を申し出てくれた。あなたが要求していないのに，キャサリンがあなたに別の関係を申し出ている。あなたがたくまずして現在の仕事に新たな疑問を投げかける別の道が開かれつつある。これらのすべての可能性を探る必要がある。今こそこれらを探ることができるのに，以前のあなたはほかのことにすっかり心を奪われていた。あなたは今や，これらの事柄の一つ一つを考慮してみることができる。以前は激しい苦悩にからめとられて自由にできなかった経験や探索が，今こそできるのだ。

8章　身体の反応を類別する

健康は西欧社会では肯定的価値を与えられているが，しかし逆説的にも多くの人が病気を人生の様式として選んでいる。

（チャールズ・フォード）

これがあなたがたのために砕かれた私の身体である。

（ナザレのイエス）

　誰かと会って緊張し思うようにならなかった後には，頭の割れるような頭痛がすることを私たちは共通の体験から知っている。悲惨な事件を目撃した後には目まいがして気持ちが悪くなることもある。不安と無力感は私たちを過食に駆りたて肥満させてしまうこともある。怒りや恐怖は脈拍数や血圧に影響を与え，心配は消化不良の不快感と胃潰瘍の痛みに一役買っている。私たちの見るもの，聞くもの，感じるものは身体の反応に影響を与え，急激で一時的な痛みから，私たちの人間関係や幸福の感覚を乱すような長引いた不健康状態を通って，生命それ自体への脅威にまで至る。
　17世紀半ば以前は，身体と心は人の幸福にとってきわめて重大であると信じられ，心と情動は病気，回復，健康に重要な役割を果たすと見られていた。17世紀中頃，とくにデカルトの哲学によって心は身体から切り放されてしまった。心と魂は生物学的なはたらきから分離して考えられるようになり，これが2世紀以上にわたる舞台設定となった。科学的な医学は主として身体にかかわるようになり，心と魂の事柄は哲学（そして後には心理学）と見なされるようになった。人びとが器質的あるいは身体的起源のない病気や不健康状態になったとき，「あなたの心の問題だ」とか「あなたは自分の想像力の餌食になっているんだ」と言われた。その人は自分が愚か，劣等，無能で，コントロール不能な

想像力の無力な犠牲者となってしまったと感じさせられる。その人の上に「冷静さを取り戻し」想像力を抑制する負担が課される。

　想像力にたいしてそのような侮蔑の念を抱く医者や人びとには，それは心と想像力への理解にたいする自分たちの無能さをさらけ出しているのだとは思いもよらなかったのだ。心と想像力がそのような影響力をもつならば，その想像力を「治療する」こと，その影響力をそぎ，どうしたらそれを自分の健康と幸福のための最も積極的な資源とすることができるのかをその人に教えるのは医者の仕事のはずである。しかしこれはなされなかった。心，想像力，情動と絡み合うと見られる広範な身体的不健康状態が起こりうる。人によってはそれは彼らの症状と病気が現実でないことを意味すると腹を立てよう。身体が注意を求めて叫ぶのは容認できるが，心と魂が救いを求めて叫ぶのは何かいんちきくさいという強い懸念があるのが心と身体の二元論であった。

　多くの人びとの生活のなかでは，それは身体と心の困難どちらかの二者択一の区別をつける事柄ではなく——両方がかかわっているものである。ある女性が何度か自動車事故の犠牲となった。どの事故でも彼女に過誤がなかったことは疑問の余地なく証明された。まちがった時間にそこにいたということを除いては。けがは背中と首および，長引く厄介な痛みを彼女に与えていた。運転するたびに彼女は過度に用心深く取り越し苦労していた。それが緊張と恐怖の発作を引き起こし，口痛，頭痛，高血圧といった多岐にわたる症状を誘発していた。かくて彼女には対処すべき三つの現実があった。衝突のときの実際の傷，後遺症の苦痛，過去の体験に結びついてはいるがさらに特異的には予期ストレス（すなわち，まだ起こっていないストレス）により引き起こされた心理的または精神状態である。彼女は安心感と安定した期待感を失ってしまい，たいていの人には取るに足りない事柄が，彼女にとっては大いなる脅威になってしまった。

　喪失の体験はそのまわりにあまりにも多くの感情を——そのうちのいくらかは認識され，いくらかは隠されて——凝集させるので，私たちは何らかの身体反応を予期するようになっている。どうしてそれが起こるのかはまだわからない。なぜ感情が身体反応に翻訳されるに至るのか。なぜこれら特定の反応なのか。なぜこれら特定の身体器官なのか。私たちは時どきそういった身体反応の

広がりにショックを受ける。それは神経系，消化器系，生殖―泌尿―性器系，血管および呼吸器系にまで影響しうる。

※

　人が仕事を変わった後あるいは拡大家族の一員の死後，すぐ風邪をひきがちなことをおそらく誰しも気づいていよう。ほかに胃の痛み，血圧上昇，腸の不調を訴える人びともいる。多くの人びとが慢性的な顔面痛あるいは身体を衰弱させる背中の痛みの原因を探している。痛みは彼らのライフスタイルの変化あるいは死別の体験となぜかつながっていることを発見するだろう。痛みはその人の現在の状況の象徴かメタファー，あるいは将来の新たな現実に直面する不安への無意識の防衛かもしれない。肉親に先立たれた人びとや，目標，方向づけ，存在理由を見失った人びとは，そうでない人びとにくらべてより頻繁かつ多方面にわたり医者通いをし，慰めと支持を求めていることに気づくだろう。彼らの症状は，胸の痛み，動悸，不眠，下痢，腹痛，嘔吐，むかつき，さまざまな呼吸上の困難というように，明らかに疑問の余地ない身体的なものかもしれない。他の症状は，口内の痛み，めまい，かすみ目，健忘，性欲減退，失声というように，より主観的ではっきりこれといえる原因が見当たらないが苦しさは変わらないものかもしれない。医者は訓練と実践を経て，身体的要因が除外的な優先事項であるという前提にたって，身体上の問題に焦点をあてるかもしれない。その結果起こるプロセスは時間の無駄と浪費になりうる。人びとがある診断センターから別の所，ある治療センターからまた別の所と移動して，医療および保険サービスの莫大な濫用を招きうる。必然的にそのコストは高くなる。チャールズ・フォード（Ford, 1983）がその状況を次のように記している。

> 　現在医療ケアの年間コストは2000億ドルを上回っている（米国統計局，1980）。もし全医療ケア（精神医学的治療は含まない）の10％が非器質的な病気の人びとへ提供されたと仮定するならば，その全コストは200億ドルとなる。この数字には障害給付金や労働時間の損失さえも含まれていない。身体化（somatization）は大きな産業なのである。(p. 3)

　多くの身体的不調はその因果関係が確認できないからばかりでなく，援助的職業の人による見当ちがいな励まし，過保護，知らず知らずの強化により持続

することとなる。時として人びとは「そういうことから立ち直るのには長いことかかります」とか「こういうことは，乗り越えがたいものです」とか言う。援助者たちがあまりにも自分自身の「手作り」の哲学，自分自身の喪失あるいは他の人たちの喪失への過剰同一化にまきこまれているために一種の馴合いが生じて，その人の苦痛の持続に許可が与えられてしまうことがある。

　私たちの内面的な傷には目に見えないものがある。私たちはそれを見ようとしない。自分が傷ついていることを否定することもある。何事もなかったかのように生きつづける。しかしこれらの目に見えない傷の被害は徐々に広がりうる。身体的な症状が表われても昔の内面的な傷との関連に気づかないかもしれない。身体的な症状は気を紛らせたり内面的苦痛から自分自身を引き離す手段となったり，あるいは自分たちの喪失と要求の象徴となるかもしれない。悲嘆反応は何カ月も何年も休止状態におかれうる。ついには深刻な身体の病気として，また時には長らく統制下におかれていた内面的な疎外と苦痛の象徴として顕在化しうる。しかしその関連性は見失われているかもしれない。身体の不調は治療されてもその下にある苦痛は認識されないままに終わるかもしれない。

※

　関連性が見失われるのは，ほかの形でも起こりうる。ある男性は40年間も不快な健康状態がつづいていた。昔の苦痛に満ちた喪失との関連が認識されることのないまま，広範かつ高度な治療を受けていた。過敏性腸症候群，潰瘍，咽頭炎，関節炎，呼吸の不調，アルコール症，癌は，過去の喪失や心的外傷との関連が探られないままに「私たちに起こるもの」――人生の様式の一つ――として容認されうる。私たちはみな自分たちの人間性の脆弱さの虜となっている。自分自身の喪失の問題を処理できていない，あるいは喪失の恐怖に駆られている援助的職業の多くの人は，他の人びとの喪失から起こりうる影響から身をかわすか大したことはないと考える。ここで言う喪失は，早期における重要な親密さの喪失，人びととの喪失，地位の喪失，尊厳の喪失，こういう人になりたいまたこういう人であると他の人びとに見られたいという夢の喪失をも含むことを強調しておく必要がある。これらの喪失および喪失の不安は，幾世代にもわたって人びとを苦しめ駆り立ててきた。

　ある人は，自分が昇進しなかったことと，新たなポジションがもたらしたは

ずの地位の喪失のため自分が動転していることに気づいた。彼はまた，自分の世界観のなかで，自分自身と自分の立場について打ち建てはじめていた幻想を喪失した。喪失したとき彼は，自分ができたかも知れないすべてのことにくり返し思いを馳せるのだった。他の人びとから何らかの慰めを求めた。苦痛は軽減しなかった。やがて彼は，この世の終りではないのだからと自分自身に言い聞かせた。

　別の職業の道が開け，彼はそれを追求して成功した。8年後，彼の腹部に癌ができ外科手術で除去した。不安が高まり彼は心理療法を求め，癌には健康を損ねるような態度が関連しているのか，これ以上の癌の発生を防ぐための何らかの手立てがあるのかを探ることにした。彼が以前の昇進の喪失体験について考えはじめるまで長くはかからなかった。「あれは腹にずしんとこたえましたよ」と彼は言った。彼の癌は除去されたが隠された怒りと失望，自己像の喪失と誇りの喪失を除くためには何も成されなかった。「私はあのことを，けっしてほんとうにのり越えてはいなかったし，誰も気づかなかったかも知れないが，私自身の内的な自己観が変わっていたのです。」

　何度かの喪失の体験により，私たちは自分が傷ついたことを知る。私たちはあからさまにそれを認めそれについて語るかも知れない。しかし私たちが気づかぬままにこれらの認めた傷が心のなかでそれ自身の関連性をつくりあげ，後にこれらの関連性がどんなものであり，どのようにしてそれらが拡散したかあるいは特定の身体的反応の引金を引くことになるのか悟ることになるのかも知れない。

　人はどのようにして喪失感や情動的な葛藤と苦痛を身体的症状に転換するようになるのだろうか。この疑問への単純で普遍的な答えはない。特定の個々人は，人生におけるそのようなストレスにどのように反応するかについて，一般化や予測を打ち建てるのに十分なほど首尾一貫していることはめったにない。多くの思想学派が，なぜ，どのように，そのような身体反応が起こるのかについての考えを提示しており，これらの考えは必然的につづいてゆく論争の一部なのである。

情報の欠如

　人びとには情報が欠けている。彼らは自分たちの感情をどうすべきか，いかにしてそれらを積極的にコントロールできるかがわからない。時には自分の感情が何なのか気づかない。彼らはある出来事が自分たちを苦しめ悩ましていることは認めるかもしれない。その出来事と悩みに対処する必要が生じる。身体反応もその双方に混じるとなると，それらの身体反応にたいしても何かをする必要が加わってくる。激しく表現を求めているように見えるこれらの感情にたいして，どうしてよいかどんなに確信がなくても，彼らはまた超然とし，自らに頼る態度を保持する必要もあるだろう。おそらく彼らは，自分たちの感情をどういうものかを確認することや，それらの感情を発散すべきか，あるいはコントロールすべきか，そしてそれをいかにおこなうかについて知ることを一度も教わらなかっただろう。彼らは自らの平常の実力以下の機能しか果たせず，人との関係は緊張し，生産性，自発性，人付き合いの面で低下する。身体の特定の器官あるいは身体全般が，この拡散した悩みを信号として知らせる方法となる。

　このような人びとは，自分たちの不調にたいしてさまざまな種類の援助を求め，そのプロセスも，彼らが気づきと洞察に加えて健全な情報と助言をいかに切実に必要としているかを反映しているだろう。

先行体験

　人びとは，人生早期の親密と別離，発見と喪失，気付きと疎外，期待と幻滅の体験によって影響を受けている。これらの体験は心的外傷となる単独の出来事かもしれないし，早期の人間関係の性質からくり返し織りなされたものかもしれない。このような関係と環境は私たちの喪失への対処の仕方に影響し，人生の長きにわたって私たちの喪失への対処の仕方の場面を規定することがある。

　人生早期から身体反応は情動的な反応と密接に結びついている——欲求不満は便秘，不安と緊張は疝痛(せんつう)と嘔吐，恐怖と怒りは呼吸困難に反映されているか

もしれない。早期の環境は身体症状が情動状態の伝達手段となる様式，どのようにそれらが露呈され隠蔽されるか，記述され解釈されるか，阻止され治療されるかに影響する。

　人生のかなり早期に，人びとは身体状態のもつパワーを発見する。それが容認され注意をはらわれ強化されるか，あるいは過小評価され無視され罰を受けるかどうかを。彼らは感情を表現してよいものか，あるいは何とかそれらを隠して身体症状を発現させたほうがよいのかどうかを習得する。これが特別な扱いをもたらし，やがて彼らの今現在の思考，感情，行動に影響する別の環境をつくりだす。親子の環境は愛情と恐怖が絶え間なく交錯し，期待と逃れ難さの雰囲気でひじょうに混乱しているので身体症状は価値の高い気晴らし，分離の手段，慰め，言うに言われぬ不安を緩和する方法となりうる。ある人びとは人生をうまくやってゆく方法を見いだし，子ども時代の出来事はその意味とパワーを失う。他の人びとは不安が持続し，時どきそれが人生をかき乱すような影響力をふるうのに気づく。身体症状が発現するかもしれない。不安を静める代わりに彼らはさらなる不安をつくりだすかもしれない。

条件づけの過程

　条件づけの過程が身体反応にある役割を演じることがある。ある特定の身体反応が，ある情動状態，人，出来事，記憶，日付と関連づけられるようになる。身体反応は消失するかも知れないが，元の刺激あるいはその象徴が思い出されると再び出現する。

　そのような反応は命日によく見られる。命日に関して敏感なため，ある人びとは身体反応を体験するかもしれない。病気の種類または死亡の日付が命日に寄せられた意味と関係がありそうだというのもまたよく知られた現象である。命日反応は，大腸炎，喘息，心臓停止のような身体的不調と，不安抑鬱のような心理的障害と，過食アルコールまたは薬物依存，路上での気まぐれ運転，金銭的浪費といった行動上の問題を含む。

　別の形の条件づけも起こりうる。ある人は身体の病気が同情と関心をかうのを発見するかもしれない。病人としての役割のおかげでいつもとちがって見ら

れたり扱われたりすることが許される。正常な責任から解放され、不調にたいする非難から放免されるかも知れない。もしその人が、自分らの問題は1年前に家を離れた20歳になる娘の喪失を克服できていないことだと公に認めたと想像しよう。彼は他人が同情的でなくなって急いで適応する責任を自分に直接課すのではないかと恐れるだろう。しかし、もしそういう人たちがひどい偏頭痛や肥満および常時の疲労といった身体的不調を来せば、全面的ではないにせよ大方は自らの不調とその軽減にたいする個人的責任を免除されることになる。

　人びとは概して同情的で支持的であり、少なくとも初期の頃は援助を厭わない気持ちを示す。不調が持続し悪化するにつれて、他人の反応は不安、失望、怒り、絶望へと変わってゆくだろう。場合によっては症状をもつ人が、有効な援助を求めてできるだけ早く病人の役割を捨て去り、回復援助のあらゆる試みと十分協力する義務に気づかされるときもある。しかしながら、その不調を引き起こすものが悲惨な喪失（早期、おそらくは感じやすい幼年時代の喪失の不安に触れるもの）であったならば、彼らの体験する疎外と現在の人間関係における怒りと要求が、寂しさと苦悩の感覚と身体的症状を悪化させるだろう。彼らはまた、くり返す外傷体験が彼らの身体反応を正当化するという信念を強化されるように感じ、彼ら自身の正当性が立証されたように感じるだろう。

　身体症状と病

　身体症状と病は、実際上および知覚された脆弱性としばしば密接に関連している。ある人はインフルエンザに罹患したことを、地域にはやっていた感染症の一部と見て、最近の喪失または心的外傷が彼らの免疫システムに影響を及ぼして感染症に罹りやすくしていたとは認識しないかもしれない。いかになぜ免疫システムが壊れるのか私たちの知識は限られているが、免疫システムは、経験と病気のあいだで通訳伝達の役割をする中枢神経系と神経内分泌システムを通じてはたらいていることを示す証拠が増えつつある。中枢神経系あるいは免疫システムであれ、有害な経験にたいする適切な防衛のないところでは、結果として脆弱性が高まる。研究の示すところによれば、ストレスの強い出来事が生理的および心理的防衛にたいして法外な要求を課すと、アレルギー性、自己

免疫性，感染性，腫瘍性の疾患に罹りやすくなることが見いだされている。このことから，一般に受け入れられている次のような見解が導かれるかもしれない。すなわち，人によって他の人びとよりある病気にたいしてより脆弱で，「病気しやすい」「感染症に罹りやすい」「癌になりやすい」のかもしれない。それは，ある人びとは他の人びとよりも免疫上の抵抗力の抑止が起こりやすいことを意味するのかもしれない。

　この傾向はその起源が子宮にあるのかもしれない。母親の健康，情動状態，行動は，出生のずっと前から子どもに影響を与えている。生後間もない頃から子どもの抵抗力や対処様式は，両親のストレス管理の仕方の影響を受けることになる。脆弱性は子どもの生れてくる家族の影響を不可避的に受けている——遺伝的要因，ストレスに対処する家族の歴史，結束のパターン，家族ネットワークとシステムのなかでの情報の流れ。痛ましい出来事による前の経験や有害な刺激が，身体的にも（人が感染や侵入に抵抗するにつれ），情動的にも（人がくり返される嵐をしのぐ備えがましになったと感じるにつれ），両面で耐性のレベルを確立するのを助けてくれることを私たちは知っている。ある対処様式や人格的特性は，この耐性において重要な構成要素となる。態度もまた役割を演じる——人生の出来事にたいしてコントロールの感覚を維持し，起きていることに意味の感覚を付与し，またストレスを重苦しさを与える問題としてよりもむしろチャレンジとして解釈するのに効果があるような態度が。

　人は葛藤を解決できないときに，拡散した情動および身体反応にたいしてもろくなり，さまざまな方向に引き裂かれ恐怖と不安の高まり持続を経験する。彼らの葛藤はいつも自分で把握できているとはかぎらない——気づかないこともあり得る——なぜなら，彼らの身体症状と病気を引き起こした潜在的な葛藤を発見するのは，たいていかなりの探索をおこなった後だからである。

※

　45歳になる元牧師が肺癌で死に瀕していた。彼は喫煙したことはなかったが，死の1年前咳きこみやすくなり，いかなる治療もそれをあまり緩和できなかった。いくつかの検査が施行されたが，身体面で悪性の病気を示す兆候は何もなかった。死の5週間前に彼は気管支鏡検査を受け，両肺に相当に進行した腫瘍が見つかった。この検査に先立つ年，彼は断続的に心理療法を受けていた。死

が間近になるにつれ，私は彼に，自分の致命的な病と人生の他の側面とを関連づけて考えてみたことがあるかたずねてみた。

ためらうことなく彼は言った。「そんなことがあろうとは考えてもみなかったが，自分の怒りを抑えたことがどんなに私の死を早めたかがわかった。」彼は教会の彼にたいする扱いに腹を立て，公然と怒りを表現すると強い反応を被りやすかった自らの生い立ちにも怒りを覚えていた。彼はまた三つの親密な人間関係をくぐりぬけてきたが，そこでは失望と怒りが頻繁に生じ，それらの適切な受け入れられる表現が見つけられなかった。

健康に有害なプロセスが人をとりこむかもしれず，自分自身の止まぬ自己価値下げ，自己非難，懲罰的願望そしてあきらかな強迫的迫害にたいしてもろくなる。彼らは正しいことを成したり，過去におこなったすべての過ちについて過剰に厳格になるかも知れない。それはあたかも，彼らには内なる厳しい教師がいてそれを手なずけて，たいせつな主人にたいしてより愛情深く支持的になるにはどうしたらよいか教える必要があるかのようだ。その代わりにその人の一部が，その人全体の幸福と健康にたいして宣戦を布告しているように見える。怒りと憤怒は感情に対応する言葉を見つけることができない失感情症（Alexithymia）の例となっている。適切な外部の対象に向けられる代わりに，怒りと憤怒がその人に向けられるようになる。これは彼らが自分は罪があり悪者で罰に値すると信じているからかもしれない。それは彼らが自分自身のなかに外部の悪い対象の何らかのものを見いだすからか，あるいは彼らが自分の怒りについて混乱していて，それをどうしたら効果的にコントロールし管理できるかわからないからかもしれない。その人は過食，アルコールまたは薬物乱用といった健康に悪い行動に走るかもしれず，深刻な身体症状を出すかあるいは基本的な衛生を無視するかもしれない。関心を寄せるとりまきは，彼らに別な行動をとるように要求するかも知れないが，彼らは明らかな拡散したあるいは身につけた無力感のなかで自己攻撃と自己破壊を続行する。

不可避的に，人びとの人生におけるストレスの知覚，解釈，意味の与え方が，それらのストレスに関して彼らがどのように感じ行動するかに影響する。彼らの考え方，想像力と記憶，歪曲と不合理は不安，懸念，恐怖の状態を引き起こすこともあり，それが行動や身体反応に最後まで効果を演じる。人生とそこに

8章 身体の反応を類別する

おける自分の役割についての彼らの考えと反応の仕方が人生の様式になりはじめる。彼らが特定の考え方と反応の仕方を一緒にするにつれ，パターンと人格が形成されはじめるのがわかり，特定の病気にたいする脆弱性が示されるのかもしれない。心配性の人は胃潰瘍となり，強烈な憤怒と怒りのとりことなる人は心臓発作を起こす危険性を負う等々。

さまざまな心的外傷が免疫システムに影響を与え，病気，疾患への脆弱性を引き起こしうる。ここでの決定的な要因は，私たちがこれら心的外傷に与える意味，自分自身と独自の資源をどう見ているか，そして何が起こると想像しあるいは恐れているかということであろう。時として予期したり恐れたりしている出来事のイメージが，実際にその出来事が起こったときよりも拡大した反応を引き起こす。

※

43歳のある男性は6カ月に3回も葬儀に出席した。すべてが彼とほぼ同じ年頃の同僚のための葬儀だった。そのような短期間に3人もの親しい友人を失ったことに彼はショックを受けた。彼は1人の人が間をおかずに三つもの葬儀に出ることがいかに異常なことであるかに思いをめぐらせた。（葬儀屋は1日のうちに多くの葬儀に出るかもしれないことを彼は見過していたが，異なった態度と関与の仕方のため対処に困難を覚えることはない。）彼は友人たちの死と自分自身の死について思いをめぐらせた。彼の思考のなかでささいな胃の痛みが急激に拡大された。ポピュラーな医学雑誌のページをめくるようになった。早朝の下痢がはじまり，日中，重要な会議中におなかの具合が悪くなるのではないかといつも不安状態にあるようになった。彼はよく汗をかき，明瞭にものを考え熟慮された判断を下すのに困難を覚えるのだった。

身体反応に影響を与えるその他の心的外傷としては，近づきつつある定年の見通しや士気阻喪の感覚から，突然の配偶者の喪失，災害にまきこまれることあるいは心身の機能を制限する大手術まで多岐にわたる。多重の心的外傷に耐える人びともいるが，ある一つの外傷体験（侮辱，息子が家から離れる，不正）が「らくだの背を折る一本のわら」になることもある。防衛が崩れて痛ましい身体の病に倒れることになる。

※

ある男性はヨーロッパで強制収容所を体験した。後に彼は4カ国で難民としての立場を経験した。やがて彼はオーストラリアに渡りそこで屈辱的な差別に耐えた。英語を学び結婚し家庭では4人の子どもを育てた。この男性がついに倒れたのは，2番目の娘が離婚して3年前から関係のあった男性と結婚すると告げたときだった。彼は落ち込み，2度の冠動脈血栓を経験してから，長きにわたる悲しみと憤怒および現在のそれらを，自分を滅ぼしかねない症状に転換しつつあることに気づいた。

　40代後半のある男性は，妻と緊張した幻滅の多い関係をつづけてきた。彼の神経が張り詰めてきたとき，自分が結婚にたいしてつねに抱いてきた目標を達成するのにいかに無力であったかに気づいた。彼の職業上のコミュニティはよい結婚の価値を示すよう期待していた。許容できる満足感を見いだすのと欲求不満を表現する手段として，何年間も過食してきたのだった。過剰な体重は世のなかにおける彼の明白な幸福の外向けの表現，そして彼の無力感と自己卑下の内向けの表現となっていた。

　彼はすぐさま自分の行動を幼児期の体験と結びつけた。「私の母は暖かさと愛情に恵まれず，明らかに食べ物を用いて3人の子どもたちを自分のほうに引きつけようとしました。40年経った現在，私はまだ食べ物を慰めあるいは親密さの象徴として，また私の自尊心を破壊する何物かとして使っているというわけです。」

　長らく迷った末，彼の妻は結婚を解消した。3カ月後，彼は心臓停止を起こし亡くなった。

　生涯にわたり，この男性は夫婦関係の緊張とストレスにより過食に走らされているのに気づき，身体反応と不調が生じ，ついにはそれによって殺されたのだった。彼は自分自身の価値観と彼のまわりの価値観が，自分の欲求不満を解決するのに十分な手段を与えていないと見ていた。彼は親密さに恵まれなかった母親により誘発された幼年時代の攻撃的な行動に訴えた。早期の学習と環境は，後に彼が欲求不満と人間関係における心的外傷を身体反応に転換する仕方に影響の大きい要因であった。エドガー・レヴェンソン（Levenson, 1978）曰く，「最も単純な意味において，人は自分の経験したところのものになる。」(p. 572)

脆弱性は，つのりゆく絶望感と変化はありえない，または逃れる道はないという懸念から育まれるのかもしれない。人びとが「人生をあきらめてしまい」破滅的で絶望的な行動をしはじめ，抗うのをやめ，死んでゆくのはよく見られる。多くの人は彼らに起こっていることは不可避だと受けとめる。抵抗力を確立し新たな生活様式を採用し，新たな現実に見あったプログラムを開発するのが可能であるはずなのに，代わりに彼らは柔順にも状況を受け入れ，否定的なステレオタイプを取り入れ，非効果的な生活様式または病気の役割に屈服し死を待つのである。この種の脆弱性はその人からばかりでなく，その人たちの住む人間環境——彼らの対人関係，支持とケアの質と表現，動く余地がないとの感覚，生きる目的の欠如，想像力と活力への刺激の欠如からも生じるだろう。

　不運にも私たちの環境には，人びとを絶望，抑鬱，病気，疾患にたいしてひじょうに脆くさせる場合がある。ある場合には，人びとが症状にたいする治療を求め，その治療自体が彼らを新たな領域の危険にさらしたこともあった。ある不調にたいする投薬があまりにも辛く感じられるので気が狂うのではないかと思い，気づかぬうちに生命の危険を冒したりと。これらは時として医原病と呼ばれている。診断や治療や医者の振る舞いから生じる。私たちは，医者，セラピスト，職業的援助者が脆弱性を喚起し，不安，不健康，病の状態を助長するのに果たす役割を看過する，あるいは見るのを避ける傾向がある。

身体症状と反応の意味

　ある身体反応と身体器官のもつ意味を探ってみると役に立つ。人が苦しがっているときには，緊急の目標は苦しみを緩和することである。それは苦しみの意味や潜在的な意義について考えることなくおこなわれる。そうでないときには，私たちが症状や病気の訴えていることに聞き入るにつけ，聞くべきことがさらに多くあるのを発見するかもしれない。

　多くの人びとが，身体的な病気がその症状を成している潜在的な寂しさや内的な苦痛にたいする治療を受けなかったために亡くなっている。潜在的恐怖と歪曲が想像力の火に油を注いだため，生活上の普通の仕事への対処が不可能に

なり無能となった人びともあった。

※

　身体症状はコミュニケーションとなる——関心をもっているとりまきへの，世界への，他人にたいして私たちが抱く幻想への，神への，自分自身への。
　「私は病気だ。」
　「私は困っている。」
　「自分自身ではどうしようもない。」
　「世のなかはまちがっている。」
　「あなたが私にしていることをよく見てごらん。」
　「あなたが私を愛していたら私はこんなにはならなかったのに。」
　「私はお手上げだとはあえて言わないが，病気だったら援助をいくらか要求できる。」
　「なにもかもめちゃくちゃだ」
　「私にはけっしてこれは乗り越えられない。」
　「私は低いレベルの存在に運命づけられている。」
　「私は過ちを犯しそれを直すすべはない。」
　「人びとが私が病気なのを見たらちがうふうに見たり扱ったりしてくれるだろう。」

※

　身体症状は内的な探求と悲しみを隠している可能性がある。有効性と潜在能力が失われてしまった感覚がある。
　２人の成人した子どもを連れて再婚した52歳のある女性が，胸の急激な痛み，欲求不満，漠とした惨めさを訴えた。彼女はある可能性が実現されていないのを知っていた。彼女はけっして手に入れることのできない親密さを捜し求めていた。彼女は２人の娘を育てた折の自分の母性の質を顧みた。彼女は，自分が十分に自由で自発的になれたためしがないので，子どもたちにたいする愛情を特徴づけるはずだった暖かさと一貫性を与えることはできなかった，と言った。「私は自分に起こったことについて両親を非難していると思う。」彼女は自分に安定した安全な愛情を与えてくれるはずの両親を求めていた。そのかわりとして彼女の身体症状は関心を求める苦悩に満ちた叫びであり，夫が十分な関心を

注いでも，彼女は欲求不満，空虚さを感じたままだった。

　ある人たちは，身体症状は母親，そして母親にまつわる暖かさと優しさの探求だという。別の人たちは，それは父親，父親にまつわる男らしさ，力，優しさの探求だという。その探求はおそらくより深いレベルのものであろう。1人の人間が他の人間に認めてほしいという切望，世界は究極的には愛に満ちているという保証への熱望，自己の外部の，また自己の内部に抱かれた何物かへの，良い接触と心地よい関係へのあがき。

＊

　身体反応は隠された願望を表わし，それはさまざまな仕方で作用する。それは屈服，依存あるいは死の願望の表現でもありうる。それは時にはこのような言葉で表立って表現される。「ためしつづけたからってどうなるんだ。」「降参したほうがよさそうだ。」あるいは「どのみちわれわれはみな，遅かれ早かれ死ぬんだ。」あるいはもっと微妙に表現されるかもしれない。「ひとりぼっちはさみしいものだ。」または「人生ですることもあまりない。」

　身体反応はまた罰への願望，長らくお預けとなっていたものを精一杯表現したいという願望ともなる。若かりしころに叶わなかった，世話され，報いられ，尊敬されたいという願望もあるだろう。残念ながらこの願望は，往々にして関心を求められている人びとが望ましいやり方で応答しない上，いずれにせよ症状が健康によくなさすぎるので逆効果である。今ひとつのレベルにおいては，その願望は幻滅と疎外の感覚にたいして何らかの融和を見いだしたい，かつて失われてしまった親密さと依存へもどりたい，あるいは神との融合をはかりたいということかも知れない。そこではヨハネ黙示録が述べているように；

　　神は彼らの目の涙をことごとくぬぐい取ってくださる。もはや死はなく，もはや悲しみも嘆きも労苦もない。最初のものは過ぎ去ったからである。（ヨハネの黙示録 21：4）

＊

　身体症状は，かつて安定していた状態が崩れつつあるのを意味するかも知れない。身体的な抵抗力，身体の免疫システム，情動面の資源，心理的なたくましさと回復力がすべてからんで，あまりにも緊張すると身体は消耗と崩壊の兆候を示す。人はさまざまな警戒反応を体験し，つづいてストレスの強いところ

から逃れ出るための意図的な努力をする。しかし，これがあまりにも困難なことがわかったりストレスが高いレベルのままだと極度の疲労が起こってくる可能性が高い。

*

　身体症状を出したり健康に悪い行動をする人は隠された無力感と憤怒のためそうしている可能性がある。これは両親の無力感と憤怒のとり扱い方，彼らが病気と身体反応を対人交流の一部としてどのように利用し受け入れてきたかと関係があろう。作用の可能性として両方ある。病気が憤怒の表現，そして他人をコントロールする手段として用いられる，あるいは援助，親密さ，暖かさ，慰め，落ち着いた世話を求めての叫びともなりうる。

　ある年配の男性の語ったところによると，彼のもっとも強烈な思い出は，母親がいつも誰にも近づきたくないとでもいうように走りまわっていたことで，しかし彼と兄弟が子どもながら気づいたのは，彼女が立ち止ってどうしたのとたずねるのは，彼らが病気であることを見せつけるときだけだったことである。それは彼らの生涯にわたっての行動様式となってしまった。彼らは人との接触を失ったと感じたときや，外に向けての力の誇示が損なわれる脅威に直面したときには病気になってしまうのだった。身体反応が，虚弱かつ脆弱であること，および注意と何らかの慰めを求めることへの承認された手段を提供するのだった。

*

　象徴的あるいは無意識的意味をもつに至った身体器官に身体反応が出現するかもしれない。人は母親のせいで苦しんだ剝奪の象徴である病気にかかるかもしれない。女性のなかには，あまりにも簡単に子宮摘出に同意する人がある。それは子宮摘出を受けた他の人びととの同一視の象徴となり，またそれは彼女らの自己知覚の象徴でもありうる。身体のある器官が無意識的に意味を与えられているかも知れない——人は無意識に自分自身をあるいは他の人をうんざりさせる人と見なすがゆえに首に痛みを生じるかもしれない。（訳注：a pain in the neck には「うんざりさせる人」と「首の痛み」と両方の意味あり。）めまい，咳，窒息感またはひどい頭痛は，身体のある領域が無意識の葛藤と不安の的となっていることを意味しているかもしれない。

ある女性は30年にわたる結婚生活において，夫および彼が捧げかつ望んだ親密さを拒絶しつづけた。彼女は人びとに近づきすぎることを不安がり怖がっていた。彼女は，人びとはつねに「人を気落ちさせる」ものと感じていた。寂しさと親密さの不安から自分自身を防衛するために，彼女は独立と自己充足の姿勢と実践を熱心に唱えていた。やがて彼女は重大な病気になり永久に動けなくなってしまった。彼女は食事，ベッドの始末，身体の清拭を完全に家族に頼らねばならなかった。亡くなる頃には，彼女は1日に数回もそして夜間にも親密な介護が必要な存在になってしまっていた。彼女はつねに恐れていたことを無意識のうちに試しているのだった。

※

　身体症状は耐えがたい緊張を軽減する助けとなり，内なる心的苦痛からありがたくも超然とさせてくれるのかもしれない。私たちは，内的な緊張や苦痛にたいして関心のはらわれないまま，多大な時間とエネルギーが身体症状に付与されるのを見てきた。人は自分自身の有機体の内部あるいは対人関係において何が起こりつつあるのか気づいていなくても，彼らがいかにひどく傷つけられたか，またそれ以上の破壊を防ぐためにいかに緊急な介護を彼らが必要としているかを，彼らの身体症状が表わしている可能性がある。

　ある男性とその妻は，互いにくり返し欲求不満にみまわれる関係のなかで5人の子どもを育てた。夫は，存在した緊張にひじょうに敏感に影響を受け，幻滅して親しい関係のなかで自分の理想を充足することはできないと感じていた。彼の妻はあからさまに敵対的で，自らの正当性を主張した。彼らはともに重症なアルコール依存となりつねに酩酊していた。それが彼らの明らかに筋が通らない不健康な求めるものの追求の仕方であり，それが彼らと回りのとりまきに「すべてはうまくいっている」という印象を与えるのだった。

※

　身体症状は自己処罰と自己否定の無意識の形態かもしれない。低い自己イメージの人は，罰の手段としてまた低い自己イメージを強化するために症状をつかう可能性がある。彼らは，失敗と劣等の感覚に襲いかかるこの懲罰的内的行動の程度に気づいていないかもしれない。彼らは幼いころの出来事や罰を思い出し回想し，彼らの従属的な地位を反映する生き方を選ぶかもしれない。

❖

　身体症状は他の人との同一視の一形態かもしれない。息子が戦争に行っているあいだ，不安な母親は，喪失の結果としての不安と苦痛に苦しめられるかもしれない。彼女はまた想像上で息子が苦しんでいると信じているものに同一視するかもしれない。ほかにも人の身になって苦しむ人がいる——彼らは他人の苦しみを取り込む。これは意識的な願望かもしれないが，無意識的で非合理的な場合もよくある。人が亡くなってだいぶ経っても，あたかも彼らのため，そして彼らの代わりとでもいうように苦しみつづける人びともある。

❖

　身体症状があまりにも深く，日々の行動の一部になってしまっているので，それがライフスタイルとして受け入れられてしまうこともある。ある人びとは自分自身に嫌気がさしている。別の人びとはある目標を手に入れるため，そして不快と苦痛を避けるため，症状を用いる。しかし多くの人びとが，彼らのさまざまな病気や行動障害が，彼らが誰であるかを反映し，彼らのライフスタイルになっているという事実に甘んじている。それは「私は父親が苦しんだほど苦しんでいない」とか「それはある人たちの苦しみほどひどくはない」といって正当化されるかもしれない。このようにして彼らは自分たちを他の人びととくらべる。彼らは自分自身の自叙伝を眺める。彼らは自分たちの過去の苦しみと他の人びととの苦しみの記憶を必要とする。彼らは自分自身，自分の資源，自分の未来の姿を定式化する。

❖

　身体症状は以下のものの不安と痛みを反映しているかもしれない。すなわち，過去の人間関係，現在の関係，環境，社会一般あるいは特定のセクター，あるいは世界のうちで外傷を被っている地帯の。不安と苦悩は身体へと置き換えられ混同されるかもしれない。症状はまた環境の性質と調子あるいは生活の移り変わりを反映するだろう。

　人は過小評価され十分に用いられていないと感じることもあろう。彼らは自分自身を御用済でそれ以上価値のないものと見なすかもしれない。一方で彼らは，自分を環境からのストレス過剰，コミット過剰，刺激過剰と見なすかもしれない。身体症状は彼らの人間関係と環境のストレスに関するかぎり，小休止，

避難所，ちがったペース，そして起きつつあることを評価し困難を切り抜ける機会を提供するだろう。

　身体症状は通常人の自発的コントロールの外にある。人は恐怖に深刻な影響を受ける可能性がある——過去に何かが起こったにちがいないという恐怖，何かが起こるだろうという恐怖，自分がどうなってしまったのだろうという恐怖，環境あるいは世界がどうなってしまったのだろうという恐怖に。彼らの対処能力が影響を受ける。もはや効果的に機能することができず，これ以上前へ進めないと感じるかもしれない。彼らの症状は静止する方法，彼らが誰であり何になろうとしているかの期待と感覚の崩壊となる。変化への多大なプレッシャーが彼らのうえにかけられ，それが彼らのすでにできあがっていた無力感と無能感の経験を強調する可能性がある。それはまた，こういった症状がいかに深刻ともなりうるかを見過ごしてしまう。人びとがそれらを排除でき，より快適に生きる何らかの効果的な方法を見つけることができるならば，彼らはおおむねそうするほうを選ぶであろう。

身体反応にどう対処すべきか

　人びとは，身体反応および情動的苦悩と苦痛，そして意識的無意識的葛藤の表現にどう対処すべきかをよく質問してくる。以下が私の提案である。
1．私たちの最初の目標は，これらの身体症状が何であるかを確証することである。私たちは身体症状が情動的苦痛と関連しているという前提は受け入れても，症状や潜在的苦悩と苦痛のより正確な定義や診断には進まないかもしれない。身体反応が情動的苦痛と関係があるということは，治療の必要がないという意味ではない。症状によっては生命と健康におおいにかかわるので緊急の介入が必須である
2．身体症状と病気によっては，その因果関係と原因がひとたび明らかにされると，前ほど厄介で侵入的でなくなる。その因果関係はとっくの昔に葬り去られ，過去と現在の出来事両方によって隠され取り紛れているかもしれない。その関係を認識することにより，人はよりよい自己理解と自分の

人生の出来事と経験にたいしてより強いコントロールの感覚を身につけることができる。

3．身体反応の強さと広がりは，情動的なエネルギーを認識しそれを管理する他の手段を見つけられれば減少する。人びとが自分の人生のストレスとそれらにどう対処しているかを注意深く眺めてみる。対処方法を変えてみることにより（たとえば，別な考え方をしてみる，気晴らしを効果的に利用する，瞑想とリラクセーションを実践してみる）彼らは病気や身体反応を通じて自分を表現しなくなるのに気づくだろう。

4．習慣パターン，容認の環境，そして特定の関係が長いあいだにできあがっている。身体反応，病気の人生様式がこれらの一部になっているかもしれない。これらの反応を減少させ修正するためには，習慣，環境，関係を変えることが必要であろう。ときには症状があまりにも重要な無意識的目的に役立っているので，症状を廃してそれなしの人生に直面するよりは死んだほうがましという人びともある。

5．身体症状は不可避的に人の自尊心と自信に影響を与える。より高い自己イメージは病気になる傾向と戦い，回復へ向けてより効果的な姿勢を確立する上でより頼もしい資源感覚を提供する。より強い自己の感覚はまたその人の免疫を高める。

6．自分で課している制裁，悲惨な記憶，やり残した仕事からの解放は必要で助けになる。もはや近づくことのできない人びととのあいだでなすべき仕事を終えるのは不可能だが，その仕事を身体の内部でおこなう傾向は熱心に持続的に排除されねばならない。内的な問題は十分に気づかれ，扱いやすい大きさと形に縮小され，可能なところでは現実的で達成可能な課題に転換される。

7．直さねばならない関心の焦点は，その人なのかあるいは対人環境が主たる関心の焦点なのかの判断が下されねばならない。環境内で失ったものの性質を明確にし，そのまわりに集まった意味や情動を再形成し再組織することは妥当であろう。否定的な思考の継続と自己にとり有害な怒りにたいしては精力的な介入が必要である。怒りの反応は，その妥当性，表現の適切さ，代わりの選択肢とその結果を吟味することができる——人は気紛れ

な情動の犠牲者なのではなく，その表現と衝撃をいくらかコントロールする能力があるとういうことをつねに保証しながら。

8．人びとが自分たちの感情を探り表現するのに多大な配慮が必要である。治療者によっては情動を吐き出すことが有益と信じているかもしれない。これはつねにそうとはかぎらない。不適切な感情の喚起は拡大した不安反応を引き起こすかもしれない。脆弱性が大いに増すかもしれず状態がますます悪くなる。

　癌で死にかけていた1人の患者は，医者が子どもたちにたいする彼女の不安について話した後間もなく死ぬと感じた。彼女の士気は崩壊し，痛みが絶え間なく強まり，再び出血しはじめた。

　別の人は，治療者が明るみに引き出した怒りをどうしてよいかわからなかった。彼は罪悪感，厭気，恥を感じたが，いらいらもし人を殺しそうに感じた。彼は治療セッション後家に戻り，3日間ひどい気分だったと語った。「何が起こっても不思議ではなかった」と彼は言った。

9．援助的な支援グループあるいは治療グループの存在は，人びとがより大きな自己の気づきおよび自己探索ができるようになるので価値ある資源となりうる。グループは人びとが自分自身と他人にたいしてどういうことをしているかを見せ，また信頼でき尊重されている支持的雰囲気のなかで別の選択肢を探らせてくれる。

10．身体症状を強く信じる文化的社会的規範を吟味する必要がある。私たちの規範は，身体の病気の治療にたいして病気の予防よりもずっと大きな価値と威信を付与している。私たちの文化は，可能な情動の表現の仕方に対人関係の性質とそのなかで起きてよいことに束縛を課している。男性と女性のあいだにある種の関係を是認するのに私たちの文化は，これらの関係が招く苦痛と代価に関してほとんど注意をはらわない。私たちは病気と死にたいしては大いにお金をかける用意があるが，より広い対人関係の満足や情動的な表現が促進され楽しまれるような別の人間環境の建設にはほとんどお金をかけようとしない。私たちは，将来にたいする強く首尾一貫した期待と共に，生きる意志を喚起する創造性，レジャーの追求，気晴らし，勇気づけをも包含する新たなライフスタイルを探求する必要がある。

9章　いかに行動すべきか

　その時小さな老女が荒々しく白髪を振りほどき心に突き刺さるような叫び声を上げマノリオスに別れを告げた。
　「この素晴らしい若者の名が雪の上に書かれていた。日が昇り，雪が解け，名前は水となって運び去られた。」
　しばらくの後，法王フォティスは手を上げ出発の合図をした。「キリストの名において」と彼は叫んだ。「行進を再び開始する。勇気を持てわが子たちよ！」
　そして彼らは東へ向かってのとめどない行進を再び始めた。

　　　　　　　　　　（ニコス・カザンツァキス）

　喪失と悲嘆と悲惨な記憶に心を奪われることは，私たちの行動に一時的と長期的と両方の影響を及ぼす。親切な友人たちと同情的な支援グループは理解があり，心と行動の一致しない広範な不適応行動を許容するかもしれない。しかしまた，彼らは悲嘆にくれている人の行動上の混乱や無能ぶりを強めるか，あるいはその人が悲嘆行動を進んでやめるのに，ほとんど助けにならないかもしれない。
　私たちの目標は，その人ができるだけ早く健康を増進し人生を肯定する行動にもどれるように援助することである。悲しむために必要と思われている長期のプロセスに異議を唱えねばならないことを，私はくり返し主張する。特にその時差がその人を時間の許すかぎり徹底的に悲嘆のなかをよろめき歩くままに放置するというのならば。私たちは，人びとが適応性のある行動を再生できるような，また彼らが心的外傷体験を耐えた結果，知恵と回復力を強められるような方法を発展させたい。この目標は簡単には達成されないだろう。一般によく受け入れられてきた行動から離れるのは気の進まないことであるし，ある意味で亡くなった人を裏切る，あるいは捨てる，あるいは自己の重要性を減らす，と解釈されかねない行動をすぐにとり入れるのには強い抵抗がある。新しい行

動は自己を促進することを目指しているがこれを否定するような強い影響力が存在する。

※

　夫のコリンが亡くなったときにローラは61歳だった。その死と葬儀に，彼女が「立派に対処した」と誰もが言った。彼らは11年前に最後の子どもが結婚して以来，自分たちだけで暮していた。ローラはコリンのための買い物，掃除，料理をして日々を埋めていた。実際は，彼女は広範囲にわたるささいなことで空騒ぎしたり時間を無駄にしたりしていたが，つねに片方の目はコリンの気紛れに気をつけて開けていた。彼が亡くなると，これらすべての行動，活動に意味がなくなってしまった。彼女はしばしばひじょうな疲れを感じて，いつも午後2～3時間ベッドで休むのだった。人が来ると，彼女はいつも疲労についてこぼし，間もなくさまざまな痛みのことも付け加わるのだった。来訪者たちにたきつけられて，彼女は自分がどこか具合が悪いのかもしれないと信じはじめた。毎週の医者通いがはじまった。一つの行動が別の行動に一般化され，他の行動を確認し，他の行動を強化した。

　このような行動サイクルの評価がおこなわれた後，彼女は必要と見なされていたそのパターンを阻止するよう助言された。彼女はベッドで寝ること，疲れを強化すること，自分の低調ぶりを思い出させる人びとと議論することといった，悲嘆行動と訣別せねばならなかった。それに代わって機能できる人間の行動を身につけることと，自分がどうなりたいかを想像することが，彼女にとってたいせつであった。

　私たちはよく広範にわたるいわゆる，悲嘆行動を規範として容認する。私たちはうなずきそして言う，「そうそう，そういう行動が予想されていたのだ。」最近ではさらに進んで，彼らの示している行動によって，悲嘆のどこの段階までその人が到達したかを確認しようとする人びとまでいる。

　私たちの目的が行動を変化させることなら，変化させなければならない行動を確認することが必須である。しかし悲嘆にくれている人はこれに抵抗する。この行動もあの行動も正常だという前提に立って──「そうでしょう？」と。

　その行動に入るのは，とめどない泣き叫び，社交からの引きこもり，仕事の停滞，かかわりや楽しみへの不参加，いらいら，不眠，敵意，集中困難，より

限られた人びとにたいするより少ない肯定的な振る舞い，コントロールの利かない自己開示である。活動は，対処能力がなく価値のない否定的な自己評価を反映する。より広いコミュニティへの低下したインプット，刺激的な体験を捜し求める欲望や能力の欠如。こういう人びとは，自分自身，他人，環境の欠陥に焦点をあてて，自分のまわりによりストレスの強い人生の出来事を集める傾向がある。

　こういった行動の多くは，外傷体験的な出来事あるいはその悲惨な記憶から直接生じる。これらの行動は共通に人の内部に眠っており，社会の態度や手本のなかに深く埋め込まれている。喪失や悲嘆のときどう振る舞うかをどうして人は知るのだろうか。通常，彼らは他の人の振る舞いを見てそのように振る舞う。お手本，さまざまな見物人の意識，容認されると知覚された行動がある。

　ある男性が最初の妻の死後3カ月して再婚しようとした。それは容認されないおこないだと彼は言われた。彼は時間の要因は的外れだと主張はしたが，それでも言われたことに従った。人生のさまざまな重大事件に遭遇した人びとから容認される立ち直り，適切な時間の経過と振る舞いについての膨大な民間伝承がある。時として私たちは，特定の出来事にそれを広い文脈で見ることなく，あまりにも範疇的にかかわりがちである。

※

　私はかつて，波乗り救命隊員が引き波に捕まり沖へ流された50代後半の男性を救助しようとするのを見たことがある。救命隊員は急いでボードに乗り高潮を力強くかいくぐって，疲れ切って溺れかかっている男性のところまでたどり着いた。数秒の内と見えるあいだに彼を浜辺に連れ帰り，口から息を吹き込む人工呼吸と心臓マッサージを施して彼の胸に命を吹きもどそうとしていた。その男性は何の反応も示さず救急車が到着する頃には死亡していた。

　ひじょうに広大な砂浜のひじょうに小さな一部で，自分の能力を超えて水に挑んだ泳ぎ手の命をとりもどそうとする若者の努力を，私たち数人が集まって目撃していた。それは全世界が突然砂浜のその小さな地点に焦点をあてたかのように私たちには見えた。

　それは私たち全体の関心事だった。しかしほんの3〜4ヤード向こうには広大な太平洋がどよめきつづけていた。私たちの立っていた砂浜は目の届くかぎ

り延び広がり，海岸線のすべてを廻る大洋海浜の一部だった。

　この特定の場所で溺れたこの男性の事件は，私たちの悲嘆反応について私に考えさせるものがあった。しばらくのあいだ私たちは，海辺での事件の如くである。それが問題になっている唯一のことだが，遠からぬところにはこの事件と私たちの行動は，より広い大洋とより広い砂浜の一部に過ぎないことを思い出させるものが存在する。私たちはその場を去り，事件は専門家の手に委ねられ，砂浜は残り，大洋はどよめきつづける。

　悲嘆行動のさい，私たちは自分自身を観察する。それはあたかも私たちのなかに観察する自己があって私たちの行動が常態ではないことに気づいているかのようだ，と同時に，その観察する自己はより広い意識の一部である。私たちは自分自身の意識であり，「常態ではない」行動が落ち着くあるいはバランスが回復したとき，人生それ自体と呼ばれるより大きな意識のなかにおける自分たちの役割に気づける，ということを私たちは認識するようになった。そして私たちは，その意識により強められることを頼りとする。ある意味では私たちは，全体性としての人生を背景として局限化された現象を扱っている。救命隊員が広大な太平洋を背景として，彼の持ち場の遊泳地域を監視していたように。局地的な現象が処理され，もはや全体の気がかりではなくなるや否や，彼は大洋の流動のより広い継続的な現実へと立ち戻っていく。これが起こるとき——悲嘆行動でも同様——人びとはあのより大きな文脈，すなわち，大洋，命，勇気，神との継続性と同一性を体験する。かくして私たちが「いかに行動すべきか」とたずねるとき，私たちは断片的な行動以上のものをたずねているのである。

※

　人生の経過につれて，人びとは習得した機略の豊かさを発展させる。彼らは，思考，感情，行動のコントロールと制御を学ぶ。ストレス状況に応じた対処技術を学ぶ。自尊心と自己効力感を発達させる。困惑させられる嫌な体験に直面したときに，この期待がその人が対処行動を発動するかどうか，どれだけ多くの時間とエネルギーを費やすか，どれだけ長くつづけるかに影響する。

　習得した機略と体験され期待された自己効力感は，習得した無力感と対照的である。マーティン・セリグマン（Seligman, 1975）は，人生の出来事やそれ

にたいする自分たちの反応をコントロールできないかのように人びとが信じ，行動することを学習しているあり方に注意を向ける。彼らは悪いことが起こるのではないかと危ぶみ，それが起こらないように防ぐことができると期待しない。彼らは，そのような出来事の原因とコントロールは，彼らの力の及ぶところではないと見なす。士気阻喪と抑うつが，この無力感にたいする彼らの知っている習得した反応となる。

このことは，悲嘆においても共通である。それゆえ習得した無力感を阻止し習得した機略の豊かさを強化する段階を踏むことが必要である。

この習得した機略の豊かさに関連する対処行動と技術に含まれるのは，次のものである。

1．欲求不満の体験と障害に対処することを通して学ぶ。
2．教示，条件づけ，模倣から課題の方向づけをもった行動と問題解決を学ぶ。
3．物事を評価し，肯定的な意味を与え，長期的な視野をもつ能力をつちかう。

※

私たちはくり返し人びとがこう言うのを聞く。「私はその体験をしたことをとても喜んでいます。それからとても多くのことを学びました――トムとチャールズは素晴らしいお手本で大いなる励ましと刺激の源です。彼らがその出来事全体を変えるのを助けてくれました。彼らと話した後，私たちはこのことから抜け出せるとわかりました。それはちがって見えました。そして私たちは対処しはじめているのです。」

苦悩に対処している人びとのなかには，内的なお手本，理想，有能な自分自身の感覚をもつ人もいる。外的なお手本や外的なインスピレーションの源をより強調する別の人びともあろう。それらは現代の環境，文学，聖書，宗教的信念と宗教的コミュニティの文脈のなかに確認できる。人びとはさまざまな形の内的評価と条件づけを発達させる。ある模範と行動はよしとされ，満足の体験，態度や信念を通じて伝えられた励まし，人生の強化と促進を通じて報いられる。

喪失と悲嘆の時には，自己効力感と豊かな機略が脅かされ，ふだんの受け入れられた対処技術と模範が，ふさわしくないか不適切と知覚され体験されるか

もしれない。不安が高まり，行動がコントロール不能で散漫になりうる。不安と不適応行動には，歪曲，誤情報，誤概念から生じるものがある。必要な修正をおこない，そのような誤った概念が主流を占める関心事でないような環境の方向へ動くよう奨励するのが適切かもしれない。信念によってはいかなる修正にも動じないものがある。たとえば，人が自分を無価値で誰も重要と見なさないと信じているかもしれない。励ましも無効果かもしれない。その時点におけるこれらの特異的で非合理的な信念よりも，他の信念や行動が最初の関心の焦点となるかもしれない。

ジューンの母親

54歳の女性が，その家族のかかりつけの医者から私に照会されてきた。彼が言うには，彼女はひじょうに健康だったが，約18カ月前から消化と胃の異常，ひどい胃けいれんとそれにつづく広範な下痢のエピソードを訴えはじめた。必然的に，うちつづく不調は，彼女の仕事の能力，社会生活，気分，睡眠のパターンに影響を及ぼした。最初は彼女の夫も気にかけて支持的だったが，彼女がトイレに駆け込むことが頻繁になり，長引くにつれいらいらして気短になってきた。彼はまた，彼らの友人の誰かが電話するたびに彼女が痛みと下痢の発作について長々と語ることにたいして怒り狂っていた。家庭医は観察と検査と原因究明のため，彼女を二度入院させた。彼女の悲惨な症状を説明できるものは何も見つからなかった。ついに医者は，それは「神経だ」と言い，問題は彼女の人生の他の領域まで拡大しつつあったので，彼女は別な形の援助を探さねばならなかった。

この女性は，遅ればせのストレス反応に悩まされていた。彼女の最初の身体症状の発現の6カ月前に彼女の娘ジェーンが亡くなっていたのだ。彼女の娘はオンタリオ州のキングストンに夫と2人の子どもと住んでいた。彼らは筆不精だったが，2，3週ごとに皆元気でいることを知らせる短い電話をカナダからかけてくるのだった。そのときは娘の夫ダグラスから電話があり，彼女の娘が前日に脳動脈瘤のために亡くなったと告げた。前もっての災難の兆候は何もなかった。ダグラスと子どもたちは，日曜の午後公園に行った。彼らは家に帰っ

てきてジューンがすでに死亡しているのを発見した。

オーストラリアのメルボルンの両親は，混乱，無力感，悲嘆のうちに投げ込まれた。彼らは娘の葬式のためカナダに飛んで行くべきだと考えたが，そんなお金はなかった。彼らはダグラスが帰郷すべきだと思ったが彼の仕事はメルボルンにはなかった。

「私たちの家は今はキングストンにあるべきです」と彼は言った。

「でも子どもたちが」と母親は反論した。

「ご心配なく，われわれで何とかします」とダグラスは断固として言った。

彼は義母にたいして優しかったことはなかった。カナダに行った一つの強い理由は彼らにとってジューンと母親とのあいだにいくらかの距離をおくことだった。彼女たちのあいだには長年の緊張があった。

ジューンの死後6カ月間，母親は怒りでぼう然として歩きまわっていた。彼女はひじょうに張りつめていつも急いでいた。やがて彼女にひどい胃の障害がはじまり，医者の援助を求めたのである。彼女が娘の死にたいするいくつかの反応や症状について援助を求めたとき，2年が経過していた。

私は彼女に，娘の死を乗り越えたと思うかとたずねた。返事は「乗り越えることなんていつまでたってもあるとは思えません」だった。

彼女の友人がジューンのことについて話しかけたことがあるかと聞くと「いいえ，彼女のことは何も言いません。母親にとって，そういうことを堪え忍んで生きることがどんなにつらいことか，皆にはわかっているんだと思います」との返事だった。

「でも」と私は言った。「あなたはそのことを堪え忍んで生きているのではなくて，そのことで死にかけていますよ。」

「そんなに悪いですか」と彼女は聞いた。

私は彼女によく注意して聞くように言った。彼女が自分自身にたいして何をしつつあるか，彼女がいかにひどい苦痛と悩みのなかにあって，それが彼女をますます引きこもった役割へといかに追い込めつつあるかを。私はそれを彼女が賛成しやすい形で伝えた。それから，彼女の現在の苦痛と以前の解決されていない状態とのあいだの橋渡しをはじめた。

「あなたはとてもいらいらして怒りっぽくなっています。夫があなたを怒ら

せる。人びとがあなたを苛立たせる。あなたはいくぶんダグラスへの怒りを彼らに向けているところがあります。運命と神にたいする怒りを彼らに……おそらくジューンに対する怒りをも。」

「あなたはジューンとリラックスした楽な関係をたのしんだことがなかった，と私に話しました。彼女とダグラスは，あなたの唯一の孫たちをカナダに連れ去ってしまいました。今や彼女は亡くなり，私の想像では，あなたはダグラスが再婚してもう孫たちに再び会うことはできないと考えている。」

彼女がさえぎった。「ええ，そうですわ。彼の母親が，いつぞやダグラスは再婚を考えているかもしれないと口を滑らせましたもの。彼は自分のことをどう面倒みたらいいかわかっている人ですから。」

私たちの会話はつづいた。実際に，私たちは彼女の注意が必要な行動を列挙することができた。彼女にとってむずかしい決断は，彼女が自分の行動を変えたいと望むかどうかだった。身体的な症状があまりにも辛かったので彼女は言った。「私が何かをせねばならないことはわかるので，それをします。」

私たちは変化と消去の必要な行動を列挙した。

1. 彼女がいつもジューンのこととジューンがなぜ死んだかを考えていること。
2. どんな示唆も頑として受け入れる余地のない彼女のダグラスへたいする怒り。
3. 彼ら2人がカナダへ行ったことにたいする怒り——もしこのひどい出来事が起こったとしても「家」にもっと近かったら事態はましだったろうに。
4. 彼女の夫にたいするいらいら。
5. 夜眠ろうとする前に，いつもその日のいらいらを追体験すること。
6. 彼女が死を嘆く母親の役割を頑固にとりつづけていること。
7. 彼女の気分状態とその必然的否定的影響が，彼女のさまざまなコミュニティに及ぶのを受け入れていること。
8. その否定的影響から彼女が引き出している二次的利得と強化。
9. 仕事上の要請から身を引くことを適切に見せる行動。
10. 社会から引きこもることを適切に見せる行動。
11. 医者を毎週友としてしまう行動。

12. 彼女の持続する下痢，それがその体調をなだめるのと強化するのを同時にするような一連の行動を要求している。
13. 彼女が自分の体調についてくり返し語り，それが彼女の社会からの引きこもりを強化し社会的正当性を与える傾向があること。
14. 体調を悪化させる可能性のある人びと（ダグラスの母親のように）との接触。
15. 体調についての彼女の不安――この不安が体調の新たな循環を喚起する傾向がある。
16. 彼女が鬱状態を進んで受け入れ，外的な刺激運動の追求あるいは身体と心の状態の計画作りと鍛錬，また食物の摂取にたいして心を閉ざした態度。
17. 娘の死を受容し，自分自身の生活と広い意味での人生に再びコミットすることを決断する差し迫った必要性よりも，身体症状とそれにまつわった気分をもちつづけることにより多く心を奪われている彼女の行動。

❧

　行動の仕方を再編成するには，その人の再コミットがくり返し必要ないくつかの道をたどることになるだろう。過去においては，喪失と死をあまりにも嫌悪する態度があったので，苦悩の反応のうちにある人びとは，大部分時間の治癒のプロセスに委されるか，悲嘆が消失するまでそのなかで徐々に進むか，徐々に抜け出る――ほとんどそのなかでのたうちまわる――ことをつづけるように奨励されるかだった。もしそれが消えなければ，彼らはそれを人生のなかでの彼らの役割として受け入れるしかなかった。民間伝承や多数の善意の人びとの言うこと，すなわち「こういうことには打ち勝てないものだ」に追認されて。悲嘆のストレス反応のさなかですべての人が医者や心理学者を訪れるわけではない。彼らが訪れる人びととは，通常彼らを導くはっきりした理論があるわけではないので，彼らの援助は，痛ましい行動をできるだけ早く緩和あるいは消失させる上で，その可能性を最大限にするというわけにはいかないだろう。
　ジューンの母親は広範にわたる不適応行動を起こしていた。もし彼女が，やがて深刻な無能状態に陥ったり死んだりしても驚くには当たらなかっただろう。このような段階に達する前に何らかの行動の変化が可能である。これらの手順の多くを自分でたどることができる人もいるし，教示とスーパービジョンを必

要とする人もある。

　かつてのふつうの習慣では，牧師が葬式の後，未亡人を一度か二度，もし彼女が若く魅力的であればさらに繁く訪問した。これらの訪問は，概して支持と受容を表明するもので，不適応な行動に対決したり挑戦することは稀であった。過去20年のあいだにこの形の訪問はあまり目立たなくなった。未亡人も男やもめも日中は仕事に出て，夜グリーフ・カウンセリングを受けることはできない。盛んになりつつある傾向は，本やパンフレットを読むのをすすめることである。これらの本とパンフレットは，通常人びとができるだけ早く人生の本流にもどるべきであるというその意図よりも，死から何の意味も見いだし得ない社会の無能さをより多く反映している。

　行動の変化は，私たちの前にそうした目標を設定する。それはコミットメントを要する。それは何回かの間隔の近い，望むらくは3日ごとに3〜4週間にわたる練習—相談を要する可能性がある。その手順は決まった順序はたどらないが（ジューンの母親を例として使うと）次のようなものを含む。

※

　ジューンの母親は，娘の死という現実に一度もふさわしい形で直面したことがなかった。彼女があまりにも怒りと罪責感にとらわれてしまったので，実際に絆を断ち切ってはいなかった。彼女の心的エネルギーは，ジューンが死んでいるにもかかわらず，いまだに彼女の上に投入されていた。その投入はジューンがしばらくのあいだ生きてはいるが，不在だったというわけで理解が困難ではない。むずかしいのは，ジューンが不在でかつ死んでいるとわかるように変化させることと，長年のあいだの絆あるいは愛着に結びついたエネルギーを引き戻し，再編成し，変化させねばならないと認めることである。ジューンの母親は，何か死を悼むことをするという特定の目的のために，1日30分はスケジュールを取るようにと教示された。この「強制された」死の悼みともいえる戦略は，さもなくば拡散しコントロールされぬままのエネルギーにたいして，その人に何かをさせようとするのである。

　彼女がジューンとダグラスのこと，ダグラスが孫たちにもたらそうとしている未来についてくよくよ考えることは，不健康で効果のないものになっていた。それはまた絶え間なく敵意といらいらと抑鬱的な気分状態へと導いた。そうい

ったくよくよとその影響が排除されることが重要であった。彼女はくよくよすることが，どんな肯定的な価値のある目標を達成するのにも効果がないことに気づくよう励まされた。彼女はくよくよに気づいてそれを遮るように教示された。そういったくよくよのはじまりの初期信号に気づいて「回り道」か気晴らしを探し，そのくよくよが起こるのを阻止するようにと。私は古い場面を追体験することや，過去や未来の恐怖について思い巡らすことが建設的な悲嘆の作業には必要であるとの強固な既成概念に挑戦したかったのだ。

　彼女は体系的な自己管理をはじめ，その一つとして毎日日記に，くよくよ考えこみはじめたり，怒りや敵意を感じた場面，何がそういう状態を引き起こしたか，どれほど長くつづいたかという記録をつけた。これが自己評価と自己コントロールの増していく状態を生じさせた。彼女は別の相談室で得た技術を試しはじめ，これが自己効力感，よりよい気分の状態，これらが彼女自身の育くまれつつある技術の肯定的な結果だという気づきを促進した。

❧

　ジューンの母親は，自分の内部における信念，行動，気分の強化を受け入れはじめた。彼女は他の人びとからの強化を期待し受け取った。彼女の夫の否定的な強化は肯定的な形をとりはじめた。彼女は「彼がそういうふうに反応するたびに私が正しいということが証明されるのです」と言った。彼らはよくちがった問題点を話し合っていたが，感情と脅威の強さのあまり，どちらも他方が実際は何のことを話していたのか確かめようとしなかった。

　私たちはこの内的／外的強化パターンの変更にのりだした。彼女は自分の病気あるいは態度を強めるような交際，社交上の会話と反応を見きわめる方法を教えられた。彼女はそれらを避け，遮り，身を引くことができた。彼女は自分の回復を肯定的に示し，人生に再び参加することを確認するものの言い方の練習をした。自分の健康についての長々しい会話の代わりに，別の話題にすぐ話の流れを切り替える話し方の練習をした。夫がいらいらしてきたら敵意ある応答をする代わりに身を引く練習をした。彼女は自分自身および，現在，未来について肯定的な連想と考え方をするように練習した。これらのすべてが密接な監督，評価，是認を必要とした。まず私から，次に彼女自身から。

❧

私たちは彼女の否定的な自己概念，否定的期待，否定的な人生の見方に対抗する意図の戦略を立てはじめた。彼女は抑鬱的で，敵意のある人びとは周囲に否定的な感受性と気分を引き起こす傾向のあることに気づいた。そのような人びとは交流する人びとから拒否を誘い出し，彼らの否定的自己効力感を確認していた。私たちはストレスが彼女を圧倒して，無力感と敵意の状態が再発しそうになるときもあるだろうということに気づいた。

　このようなときには，彼女は人呼んで「亀の子テクニック」という技術を練習するように勧められた。年取った亀が若い亀に，困難でストレスの多い状態に陥ったら甲羅にしばらくのあいだ身を隠しているとよいと教える物語の例にならって。甲羅のなかで若い亀は，落ち着いて持っている資源を再編成して最良の応答の仕方を決断し考慮することができる。亀がリラックスして出来事の意味を生活全体の脈絡のなかでじっくり考えることができる場所があるのはよいことだ。

　ジューンの母親はまた，自分の胃けいれん，消化不良，下痢を評価し直すよう訓練された。そういう体調が起きるのではないかとあまりにも緊張し心配したため，彼女の仕事と睡眠も評価見直しに含められる必要があった。

※

　リラクセーションと段階的な脱感作のプログラムがつくられた。初期の段階では，朝の不安の最初の兆候が下痢だった。早朝の不安のリストが作成された。彼女が列挙したのは夫の要求に対処できない，用事を今日中にすべてすませ仕事の予定の目標すべてを満たすことができない，ダグラスから音沙汰がない，孫たちのために「何かをせねばならない」，癌になっているかもしれない，胃けいれんが起こりそうな気がする，朝食が食べられない等々。

　リラクセーションと脱感作のプログラムにより，能力を失なわせる影響がひじょうに大きい，こうした多くの不安にたいするコントロールを増す練習をすることができた。

　これらの不安のうちのいくつかは解決できる問題へ転換された。職務上の要請，夫婦問題で彼女に何ができるか，孫たちとの将来の関係がどうなるかといったことすべてが，襲ってくる不安の一部となっていた。私たちはそれを問題解決の戦略が適用できる特定の問題として選定しはじめた。

これはそういったアプローチへの確たるコミットメントと，不安を問題に転換し，無力感の拡散を特定の手に負える領域と課題に転換する自分の能力にたいして，彼女がもつ否定的信念と戦いつづけることを要する。問題解決の戦略に必要なのは，問題の明確な選定と定式化，解決策および代わりの解決策をつくりだすこと，これらの解決策を想像してみること，適切な代替策を評価し決定すること，選んだ解決策を実行しそれから自己評価，態度，気分についての内的報酬を評価，確認，確立することである。

　私たちは逆説的志向と呼ばれる戦略を用いて効果を上げることができた。彼女は胃けいれんと長い下痢の発作がまた起こるのではと，しばしば恐れながら暮していた。時には彼女のもっとも恐れている状態をわざと誘発する練習をすることができた。これをおこなうことで，彼女は自分自身の機能により多くのコントロールを獲得することができた。

　ダグラスが将来どうするかと彼女が恐れはじめたとき，その考えを突き詰めていくと急速に他の気がかりへと拡大し，破滅的な大きさへとエスカレートするのだった。さまざまな場合に，リラックスした状態のときに孫たちと彼女との将来の関係についての不安を誘発してみるよう奨められた。彼女はその不安をその否定的な結果までたどり，自分の非合理な態度に挑戦し，自分に何ができ何ができないか，何に挑戦でき何にできないかを見分け，自分の健康と幸福を最大にするどのような範囲の意味，態度，感情を持てるのかを見分けることができた。

※

　ジューンの母親は，自分の否定的で非適応的な行動が，さまざまな環境を変化させてしまうのを見た。彼女は自分の望む環境を選ぶことができるのだ。すでに巻き込まれている環境を変えることはできるのだ。新しい環境をつくりだすことができるのだ。彼女は喜びと悲しみが，自分と他人の気分と効力感のうえにどんな強い衝撃をもたらしうるかを見た。私たちは根気よく悲しみの区域から遠ざかり喜びの区域に移動する練習をした。

　否定的な悲嘆の行動にとどまることへの外的および内的な報酬と強化は，根強く強固なものであることは疑いを入れない。人びとは苦悩する人あるいは死を悲しむ人としての役割をますます強めるような環境へと退行しつづける。彼

らみずからとっていると知覚している役割を確認するようなやり方で彼らを取り扱ったり，彼らが望んだり自分のものとして受け入れている自己イメージの無能さと傷つきを是認するように，まわりをしむけてしまう行動へとたやすく逆戻りしてしまう。

　より肯定的な行動へと変化するには，決断を下しコミットメントをおこなう能力と意志を必要条件とする。悲嘆とそれにまつわる気分と行動があまりにも広がりそうなときには，ジューンの母親は境界のなかで暮す必要があった。しかし究極的にはその境界は持続しないと知ってはいたが。

　彼女はジューンがカナダで火葬されてしまったことを知っており，境界が彼女を地理的にも生死の点においても隔てていた。しかしその境界も消失し得た。あたかもジューンがメルボルンの母の居間で生きているかのようであった。彼女は孫に再会できるチャンスはひじょうにわずかであることを知っていた。いくつかの境界――地理的，経験的，時間と方向づけ――が彼らを隔てていた。しかし，時としてすべての境界が消失して孫の21歳の誕生パーティと彼らの婚礼に参加している自分自身を見るのだった。それはあたかも彼女が自分自身の生命の有限性を超越したかの如くだった。

　日常生活のなかではより緊急な問題に直面する必要があった。彼女は多くの問題を忘れることができなかったが，責任ある仕事のうえで一個人として機能せねばならなかったし，結婚生活もつづけていくことを一個人として認めていた。時には彼女の人生のさまざまな問題を，自分の引いたこれらの境界のなかに閉じ込めておく必要があった。船舶用術語を使ってこれを「垂直隔壁」にたとえることができる。これは仕切り壁を水で満杯になった船室をつくるのに使って，一つの船室から別の船室へと水が溢れるのを防ぐことを意味する。

✥

　ジューンの母親は，夫との言い争いを仕事場までもちこむ習慣を確立していた。より根本的なレベルでは，彼女はジューンとダグラスとのあいだでの心残りを，自分が溺れるほどまで人生のすべての領域にあふれ出るままにさせていた人生のほとんどあらゆる領域で。彼女はこの洪水を防ぐため垂直隔壁作りを練習することができた。彼女はダグラスとの問題はほんのそこまでしか行っていないことを認めることができた。次にそれを置いておいて，それを船室に入

れて彼女の注意を必要とし，彼女が力を発揮できる区域に移動せねばならない。

彼女は夫と怒りの衝突をした。それがあまりにも圧倒的で自分の無力さを象徴していたので，自分があらゆるものをコントロールできなくなっているかのように思えた。しかし彼女は前述した海岸での男性の死と比較することができた。それがこの世の終りではない，実際は広大な砂浜でのとても小さな出来事にすぎない。大海原のドラマと永遠性の発現の文脈に置かれたときには限られた重要性しかない悲劇だった。

だれもジューンの母親の内的な葛藤を知らなかった。彼女は身体的な症状と不快感しか訴えなかった。彼女自身，遅まきのストレス反応の相互関連性に気づいていなかった。私たちは「今からどうしますか」と彼女に聞かねばならず，彼女の不適応行動と，適切な水準の満足度，安全性，効果，活力のある行動を復活させる方法に焦点をあてた。

この行動には，つねに環境上の文脈，生態学的適合性があることを私たちは示してきたが，また行動上の経済的要素もある。あらゆる形の行動にはコストの効率性がある。コストは計算されるよりも体験されることのほうが多い。おそらく私たちは，実際の金銭上のコストを恐れて数字を避けているのだろう。内心の苦痛と行動上の機能低下の主となっている人はたいへんお金のかかる人である。その人が医学的あるいは心理的要求を満たすさまざまな形態のなかに入りこむにつれ，コストは急上昇する。

✧

より広いコミュニティに関するかぎり，しばしば他のコストが隠されているか語られぬままでいる。家族の抑鬱や士気，夫婦間のストレスと不和に含まれるコストである。社会の存在論的不安に含まれるコストもある。それが喪失と死の衝撃を否定し和らげようと動いたり，非対処行動や慢性的な悲嘆をある特定のストレスへの許容できる適応の形態として潜在的に強化してしまうときに。一匹の盲目のすずめが枝から下の地面に落ちて死んでも森の生態学的なバランスは乱されはしない。人と人との間柄における似たような出来事は1万キロかなたの森を破壊できる。ジューンの死が，母親，母親の夫，仕事の同僚，友人，健康アドバイザーにもたらした影響のように。コストがあまりにも凝縮されているので，影響を受けた人びとやさまざまな周囲のうちの誰ひとりとして，ジ

ューンの母親のどのようなストレスが今起こりつつある混乱を招いているのか知る由もなかった。

　コストは直接お金で計算されるものばかりではない。関係が緊張するとき，人びとが混乱するとき，破壊的な仕方で時間やエネルギーが使われるとき，個人が一度にいくつかの領域の既知のあるいは未知の刺激にたいして拡散した反応をするときのコストである。遅かれ早かれ適切な質問が問われねばならない。

　「私はいつまでこのままでいられるのか。」

　「わたしたち人間のシステムは，どこまでしつこい未解決の混乱を大目に見るだろうか。」

　「こういうことを起きるままにしておくのは，もっとも広い意味からいってコストの効率がよいだろうか。」

　「それはさまざまなシステムのなかの個人にとって，適切で健康を促進するものだろうか。彼らの士気に，人生観に，世界観に，生きる喜びに何を及ぼしているだろうか。」

　また人は自問するかもしれない。「私はこれにたいして何もしないでいられるのだろうか。」

　フランツとカタリン

　フランツとカタリンがヨーロッパで強制収容所に押し込められたのは，彼らが結婚して間もなくの頃であった。彼らの家族は一掃されてしまった。彼らは収容所から収容所へと移し替えられ，生き残った。解放されたとき彼らはオーストラリアへ移住した。適応，言葉，仕事という初期の問題を乗り越え，つねに過去の記憶と恐怖の影がおおいかぶさってはいたが，彼らは新しい環境に慣れた。

　彼らには3人の子がいた。そのうち2人は6歳と8歳のときにめったにない交通事故で亡くなった。もう1人の娘はからくも難を逃れたが，罪悪感と不安の影の下に暮らした。26歳のとき大学で反逆集団に加わり，両親と不和になり荒々しく反抗した。

　両親は彼らの人生にさらに加わった悩みの種に苦悶し，娘と接触をもつため

9章 いかに行動すべきか　*131*

にありとあらゆることをしたが，彼女の怒りと疑惑が彼らのコミュニケーションすべてにおおいかぶさることがつづいた。

　フランツとカタリンには小さな友人の輪があったが，しかし彼らはとりわけ夫婦同士で密接に結びつくことになった。彼らは仕事で海外へ何度か出かけ多くの休暇を共に過ごした。

　こんなに多くのことに一生のあいだ悩ませられはしたものの，50歳から60歳にかけては彼らは互いにまれな幸福にめぐり合ったと感じていた。

　フランツは60歳で早く引退する決心をした。そうするだけの十分な資産があった。カタリンは，フランツが活動と仕事への関与がなくては退屈するか途方に暮れるのではと心配したが，彼は人生のこの時期を楽しむためもっと多くの時間をもつのだ，それは彼らが20代にくぐりぬけた恐ろしい体験と際立った対照になるはずだと反論した。

　フランツは間もなく何もすることがなくぶらぶらしはじめた。彼は同じようにぶらぶらしている男たちのグループに加わった。彼らは世界のありようにたいする互いの不満をあおり，フランツはよく昔の頃を思い出した。彼は自分のまわりで世界が崩壊するかもしれないと恐れだした。彼のくよくよは鬱状態にまで至った。落ち込んだ心が過度にゆがんだ物事の見方へと彼を導いた。落ち込んだ気分から緊張と興奮まで気分が揺れ動いた。彼は妻に，彼女が自分にとってどんなにたいせつかを語りつづけたが，後に妻は，夫が彼女から身を引いて見えたときもあったと回想している。

❈

　ある晩の6時頃，警察が戸口に訪れてカタリンに夫の死亡を告げた。彼らは夫の死体を近くの海岸の鍵のかかった車のなかに発見した。自殺だった。

　カタリンは恐ろしい状態に投げ込まれた。何カ月も彼女はこの悲劇はけっして乗り越えられないだろうと感じていた。彼女はまったく夫に頼りきっていた。彼らは互いにとても親密だった。彼女は，なぜ彼がそんなことを彼自身にも彼女にたいしてもなし得たのか理解できなかった。彼女はどうして生きていったらよいのか，どういうふうに自分を救えばよいのか，何のために生きるのかわからなかった。「私が生き返るのを助けてください」と彼女は言った。

　彼女はきわめてさびしく孤独だと言った。彼女は恥辱を感じていた。もとい

た友人たちもしだいに去っていった。彼女は視覚障害者施設である福祉の仕事をすることができたが，毎日歩いて家に帰る道すがらとてつもない大きな空虚感を感じるのだった。涙がとめどなく流れた。

　彼女と私は人生の再建の仕事にとりかかった。彼女のみじめさと内的苦悩は，すぐに混乱と怒りの表現と確認された。彼女は夫の行動の意味がつかめなかった。私たちは彼女が出せるすべての証拠を注意深く眺めてみた。彼が徐々に鬱状態に陥っていったということがだんだんはっきりしてきた。正確に物事をとらえ判断を示す能力が低下した。気づかぬうちに彼は診断され，治療されねば彼にとりついて致命的な結果になる深刻な障害のとりこになっていた。自殺は，人生の状況へのある評価と判断に基づいた意図的な行動のように見えるけれども，その評価と判断は理性的なコントロールを越えていることがひじょうによくある。なぜならその人はすでに致命的な鬱の病いに圧倒されているからである。

　多くの人びとは，鬱に陥った人と自殺行動が理解できない。おそらくそれにたいして，あるいはそれが表現すると彼らが見なすものにたいしておじけづいているのだろう。そこで悲しみに打ちひしがれた生き残りの者に，きわめていせつな支持を与える代わりに離れはじめてしまう。生き残りの者は恥の感覚を抱き，その「恥」が友人の懲罰的な態度を彼らが知覚することから起きていることに気づくまでつづく。

　カタリンは友人たちの友情を再評価し，彼らの恐怖と回避が彼女にとって何の助けにもならず，友情がもはや成立していないことを認識するようはげまされた。彼女は思考のコントロールが効かなくなったため，自分自身を罰していたが，これによって再びある程度のコントロールを確立できるようになった。彼女はまた自分自身を責めることをやめ，自分にたいしてずいぶん難題や要求をつきつけていたことを理解した。

　彼女は自分自身にたいしてしていることを列挙してみた。彼女は自分自身を傷つけつづけた。彼女はくり返しその出来事を思い出してはそれから何らかの意味を見いだそうとした。古い写真を見返しては，かつての物事の様子やかつての自分の姿を思い出していた。自分の否定的な思考が，いくつかの重要な肯定的体験を圧倒してしまっているのがわかった。そこで彼女は肯定的なものを

列挙した。
　1．私の健康状態は良好である。
　2．私は新しい目的を探そうとしている。
　3．私は喜んで人を助ける用意がある。私は基本的に世話好きな人間である。
　4．私はかつて考えていたよりもずっと強い。
　5．私はたいへん知的な人間である。
　6．私の容姿は優れている。
　7．私は肯定的な決断をするときがある。
　8．私は自分の進歩を確認する助けとするため，毎日日記をつけている。

※

　彼女は自分の考え方が，しばしば否定的に傾いて，肯定的な思考を2対1の割合で上まわっているのがわかった。彼女はしばしばみじめな感情をもち，さらなるみじめさをあおった。行動は概して非対処的で不自由なものだったといえる。彼女は注意を自分の思考，感情，行動に集中させねばならないことを知っていた——それらが変わってくるようにと。

　それをするために私たちは，彼女の思考，感情，行動が彼女の悲嘆の表現であり，悲嘆が彼女の思考，感情，行動を刺激しひき起こしているということを明らかにせねばならなかった。

　それから私は彼女に，似通った悲嘆のために私が援助していたある人が毎日きまって午後ベッドで休まなければならなかった話をくわしくした。そこでその人は，自分のみじめさと苦痛，無力感と絶望，解決不能の問題について思いをめぐらせるのだった。

　私たちは，彼女の問題は悲嘆を乗り越えることであると決定した。悲嘆は苦痛だった。彼女は自分もベッドへ行きがちで昔の写真や手紙類をよく見ていることをすぐに悟った。この行動こそ変化を必要とする行動と確認された。

　彼女は毎日日記をつけていることを自分から話したが，それは毎日がいかに悲しみ，痛み，無目的の一日であったかという記述に満ちているとのことだった。

　次に私たちは，彼女の旅の三段階を設定した。彼女はすぐさま第一段階から第二段階へ飛躍をせねばならないと言った。第一段階は否定的で深く悲しむ行

動，感情，思考の段階だった。最初の飛躍は深い割れ目をわたって，第二段階で別な思考，感情，行動をとりはじめることであった。日記を利用することが奨励された。毎日の終りに，通常の記入をした後で，より肯定的な思考，感情，行動への変化を書き留める部分への記入をおこなうのだった。私たちは否定的な思考，感情，行動の代りに，肯定的思考を置き換えるだけでは飛躍は成功しないことがわかっていた。否定的なものが明らかにされ，その圧倒的な影響力や執拗な侵入的歪曲が減少するように取りはからわれねばならない。

　カタリンは言った。「でも何か人生の目的についてはどうでしょう。私には何もありません。」私は彼女の言ったことを二つのやり方で吟味するよう勧めた。第一に，それを彼女が毎日おこなっている目的のあるいくつかの行動と並べてみること。たとえば，彼女は自分の日常の食事の管理をしていた。身なりに気を配っていた。視覚障害者施設の人びとの援助にいっていた。彼女の人生は正しく，彼女にふりかかった悲劇は彼女の悪意や悪事のせいではないと神が知っておられることが彼女にはわかっていた。第二に，彼女は求める目的を，毎日を未来に進めてゆくような大きく強い目標や目的から，より限定された目的の設定へと小さくするように教えられた。目的は日々の小さな余得のなかに見いだされた。

　カタリンはちょっとだけ第二段階を越えて第三段階をながめてみるよう励まされた。そこでは，彼女は悲嘆にくれる他の人にベットに行かないように話すことができるだろう。それは彼女が現在の「メチャメチャな状態」（と彼女が呼んだ）のなかにはもはやいないことが自分でわかり，他の人にとって何らかの模範となるようなそんな段階である。彼女はその可能性を否定はしなかった。

援助者と象徴

　行動上の経済性，生態的適合性，環境上の脈絡を越えて，私は人に，変化した世界観と変化した行動様式に貢献するような援助者と象徴を探しだすように勧める。より強いアイデンティティの感覚，自律性と回復力，「大洋」の，生命の，超自然的存在の，神の脈絡において至高の意味を見いだそうと努力する相互依存的な人間性についての高められた視点をうつしだすような。

文学にはそのような象徴が満載されている。デイビッド・ケアンズ (Cairns, 1950) が語っている，溺れかかった少年を助けて英雄的な犠牲となった知り合いの若い学生の話に，忘れ難い文章がある。ケアンズは書いている。

> 私はその光景をあなたにまざまざと見せたかった。まわりには全自然宇宙が象徴となってそこにあった。空と海と丘と岸，そしてそのただ中にこの命が故意に横たえられていた。その光景を見ればつながりのない絵でないことがわかる。なぜかそれはすべて一つの全体なのだ……私はなぜか自然がその男にこのことをさせるためにそこにあったと信じる。こういった類いの行動と，その背後にある人としての存在の内に，この世のなぞへの糸口がひそんでいる。世界がそこから来たった源の現われであると同時に，それが目指して働いている目的への糸口が。(p. 20)

そこでその目的感から彼は「神への信仰の偉大で重要な行為」を導きだす。この本にも他の本にも多くの似たような美しさと力強さをもつ文章があるので名文選集ができそうである。

そしてニコス・カザンツァキス (Kazantzakis, 1963) より。

> 隊長は銃殺隊の前でよろめきながら立ち上がろうとした──彼は自分と彼の若き花嫁が岩山に住む彼の母を訪れているのを見た。
> 彼女は彼らを待っていた。夜明けから待って待って待ちかねていた。そして今，彼女は喜びのあまり泣きだした。新婚の二人も泣きはじめた。なぜなら彼らは若く，季節は春で地面は甘い香りがしたから。中庭のかごのなかのヤマウズラは，柵の後で行ったり来たりしていた。それは新来者たちを見て悲しげにクワックワッと鳴いた。あたかも彼女も結婚したいのに花婿は山に居て，かごが彼らのあいだに立ちふさがり，彼らの結びつきを妨害しているとでも言いたげに。彼女は逃げようとして口ばしと赤い足で彼女の牢獄をたたいた。「お母様」と花嫁が言った。「私お願いがあります。あのヤマウズラが捕らわれているのを見るのが耐えられません。かごを開けて自由にしてやるお許しを頂けないでしょうか。」「娘よ，それはあなたの物です。」老婦人は答えた。「あなたの好きなようにしていいですよ。」そこで花嫁はかごを開けて羽毛の豊かなヤマウズラを手のひらに取った。彼女はそのさんご色の足，荒々しいがやさしい目，膨らんだ胸に見とれた。そしてすぐに手を高く投げ上げてそれを空中に離した。「行きなさい。」彼女はそれに向かって言った。「あなたは自由よ！」(p. 244)

自然はいつも，季節のめぐり変わりにつれて役目を果たす用意がある。ちょ

うど何年も果実の実らなかった木が，今年大きな収穫をもたらすように。太陽は新たな一日の光をもたらすために昇る。ワライカワセミはオーストラリアのやぶのなかでその季節に笑い，そしてそれは死に，また別のワライカワセミが笑いを運ぶ。奥地から奥地へと淋しさと苦痛にしばしばむせび泣いている国土を横切って。

　旅行は異なった人びとの力強い世界をもたらしてくれる——その苦しみと勇気，むさくるしさと壮麗な美，理解できない言葉のための絶望的な無力感，そして通訳をかって出てくれて状況を変えてしまう友好的な見ず知らずの人。

　心理療法はそのいくつかの点において共通のテーマをもっている——すなわち，別な人があるやり方で話を聞くのが問題にたいする新たな視点と，その問題を扱う力と技術の気づきをもたらしてくれる。人がある状況にたいして与える意味がその状況をいかに耐えるかの鍵となっていること，人びとは変化不能と見られていた状況を変えて対処することができることを。

　宗教の象徴は，人類の喪失と死に対処する方法としてつねに重要と見なされてきた。しばしば象徴の力が失われることがあった。知性化し説明しようとする要求によって言葉が問題を混乱させ，肝腎の点を見失わせてしまうときに失われた。ユダヤ—キリスト教系の諸宗教は，摂理による目的をもつ神の存在を強調する。良い聖霊が荒れ狂う水の上を覆い，混乱のなかから秩序を，暗闇から光を，絶望のときに希望をもたらすと。教会と聖堂のシンボルは目と心を「天国のような場所」へ高めたい，組み上げ創造し築き上げたい，職人芸のなかに霊感と驚異を見つけだしたいという人類の欲求と通じあっている。

　ユダヤ教は過ぎ越しの祝いのシンボルを示しつづけてきた。キリスト教は洗礼，キリストのはりつけと復活を。ユダヤ教はモーゼとアブラハム，イサク，ヤコブを示し，キリスト教はイエス，パウロ，ペテロ，ヨハネと多くの弟子たち，時代を下ってこの信仰のために勇敢に死んだ殉教者や聖人を示している。

　宗教は人びとの前に祭壇，十字架，祈る人びとの色と動き，芸術，ドラマ，音楽，歌のシンボルを提示する。多くの人は宗教の実践と関与が的はずれで退屈だと思う——おそらく言葉や形式のかげにシンボルが隠されてしまっているから，おそらく言葉と形式とシンボルそれ自体が意味を失うか，あるいはもはや適切に説明され解釈されることがないからであろうか。しかし喪失と死のと

き，人びとは静かにこれらの古めかしい十字架，祭壇，垂れ幕と文字，（ユダヤの）会堂あるいは教会の前に立つように勧められ，これらのシンボル自体が彼らの存在全体にたいして伝えてもいいのではないか——生命が生命に通じ合うように——態度と行動と人生それ自体が変化へ向けて開かれているかもしれないことを。

10章　ライフスタイルと未来

    過去に気をつけよ
    その中に横たわる
    暗く幽霊にとりつかれた水たまり
    それは目を誘惑して
    悲嘆と狂気の内に溺れさせる

   （ジェイムス・マコーレーの訳によるアルブ
   レヒト・ハウスホファーの14行詩『警告』）

しからば忘れるな。たった一つの大切な時がある――今だ！　それこそ最も大切な時である。なぜなら私たちが力を持てる唯一の時だから。

      （レオ・トルストイ）

  たいせつな人を失うことは，家や仕事あるいは地位を失うのと同様，ライフスタイルに相当な変化を伴う。ときには，これらの変化は否定的なものである。それらはより大きな問題の一部となり，苦悩を長びかせ，より広範な破壊に寄与する。別の場合には，これらのライフスタイルの変化は，何か新しく建設的なことが起こる機会を提供する。人びとがかつて知らなかった自由，意識，同情心を体験することによって。喪失と悲嘆を処理するためには，私たちは自分たちのライフスタイルに注意をはらう必要がある。それが私たち個々人のやり方で，各自により動かされているばかりでなく，私たちの特定の社会的文脈や社会一般から影響を受け促進されているので。喪失は，身体的金銭的機構にかなり奥深くまで影響を及ぼす――私たちがどこに住むか，同じ仕事をつづけるか，家庭内での取り決め，地位と移動性の変化まで。

ある家族は凝ったライフスタイルをたのしんでいた。稼ぎ手の夫が莫大な財産を持って姿を消してしまった。妻と4人の子どもの住んでいた家は、いくつかの多額の未払いの負債の返済に当てるために売らなければならなかった。3台の車を家族は乗りまわしていたが、たった1台に減らされてしまった。彼らは家から家へと移り住み、ついには年とったおばの家に持ち物を運び入れた。かつては上流社会に出入りしていた母親は、生活のために定職につかなければならなかった。彼ら全員にとって相当なライフスタイルの変化があり、それに適応するのは困難で、彼らの喪失感、無力感、抑鬱をつのらせるのだった。

　別の例では、ある未亡人は、自分と夫が以前経営し所有していた農場の仕事を引き継がねばならなかった。その農家は北東部の州境のかなり人里離れた地点にあった。彼女の役割が拡がり、しなければならないことも多くなり、そうして強いられた社会的ひきこもりは彼女の孤立がいっそうひどくなることを意味し、彼女の3人の子どもたちの環境は——彼女自身の評価によると——刺激の豊かさからほど遠かった。この変わってしまったライフスタイルが、彼女の苦悩を長びかせ悲嘆を加重した。このように私たちは、変化したライフスタイルが、身体的・金銭的機構からばかりでなく、社会的文脈とその文脈のなかで自分がどう機能していると見るかの点からも、どのように浮かび上がるかを見るのである。

　私たちは、あるライフスタイルや行動様式に、その行動の背後にあった前提がもはやなくなってしまっていることに気づかぬまま、とりこになっていることがある。ある人びとは、母親がとっくに亡くなってしまった後も、母親を喜ばすような行動の仕方をする、あるいはそれが亡くなった人が好んだはずのやり方だからそのように行動しつづけるべきだと信じている。ジェイムス・マコーレー（James McAuley）はこのことを次のようなことばで表現している。

　　私は片隅の蜘蛛の巣だ
　　それに昆虫どもがひっかかる
　　だが蜘蛛は床の上でペチャンコだ

　田舎の町に住んでいた女性が、夫の死後、強迫的に食べるようになった。彼女は肥満で、無関心で、無精で、運動不足になった。気分は怒りっぽさと聞きわけのなさに特徴づけられていた。彼女のライフスタイル一般が、彼女を家族

や社会的かかわりから遠ざけた。彼らのたび重なる拒否と排斥が，彼女の無価値という自己評価を確認し，さらに食べることと自己破壊的な態度を誘発した。

　彼女の過食，その結果とそれにまつわる気分は，死んだ夫にたいする怒りの表現だった。彼女がそっとしておくことを拒否した，いまだにうごめく過去の名残りだった。彼女は家族の反応を誘発し，それらが今度は彼女の行動とライフスタイルを正当化するようにみえた。ますます自己憐憫，自堕落，自滅的，やる気のないライフスタイルとなった。治療が究極的に彼女の破滅主義とやる気のなさの力動に焦点をあてたとき，彼女は自己の根気よい再建と，ライフスタイルの発展の文脈において代わりとなるものを探索しはじめた。そのなかで彼女は選択の決断に迫られたのである。

※

　片親を死あるいは離婚で失った子どもたちは，その喪失に特異的な反応をするばかりでなく，その重要性を理解するにつれてライフスタイルの変化が関与したことに気づくだろう。これは，さらに欲求不満と怒り，不確実さと不安，剝奪と孤独の反応を引き起こす。子どもたちは，片親の役割を果たさなければならない，住まいを変えなければいけない，別の家族と住み友人との交わりの仕方を改めねばならないことに気づくかもしれない。人生のさまざまな課題と出来事の仕方が変わるだろう。青年は病気と死を理解し認識するうえで，より発達した内的能力をもっている。そして彼らの反応は，小さい子どもの反応とは異なるものの，大人の反応とは大いにちがっているかもしれない。大人は，パートナー，妻あるいは夫，愛する人，家事を助けてくれる人，一つの社会的支持を失い，子どもは，親，お手本，庇護者，慰めと知恵の源泉を失う。子どもと親との関係は独特である。

　大人はそのエネルギーを家族，友人，仕事，余暇の目標に分けそそぐ。年若い子どもたちは，彼らのすべてのエネルギーを両親につぎこみがちである。青年期の子どもたちは，エネルギーが両親と仲間たちとに分けられる，成長と葛藤の段階にいるかもしれない。親の死は，若者の体験全体とライフスタイルに深く影響する。これは家族のライフスタイルと，別な社会化の過程への移行とにかかわってくるかもしれない。

※

西洋哲学とライフスタイルはいつも喪失と死に対処するのが困難であった。生と死，外的世界と内的体験，観察できる行動とその行動の起こる環境に，はっきりした境界を引くことが私たちの科学的確実性に寄与したかもしれないが，それはかなりの哲学的および主観的不確実性を生みだした。心理療法は，私たちが自分たちを愛する対象に結びつけるさま，外的な両親像を自分自身のなかに取り入れる過程，現実と非現実の融合について，いずれがいずれかの議論と共に語ってきた。宗教は神とともに一つになること，神が聖霊であること，人間の霊魂の変化，人間の命が神の命——すべての存在の源泉と基盤——の一部であること，死後の生とすべてのものの到達点のことを語ってきた。

　私たちのライフスタイルがその価値観と志向，その文脈の理解とその潜在能力の実現において混乱することがあっても，驚くにはあたらない。私たちは自分たちがしばしば破壊と病理にコミットしていることに気づかぬまま，成長と社会的容認の名の下に，お互いと自分自身に束縛，信念，行動を課す。私たちは，幸福と快楽の追求を肯定し，同時に無意識にあるいは無知のため，長い目で見れば個人の健康，社会的対話，ものごとの生態的バランスのうえで有害な態度や行動をとる。

❖

　私たちが重要なかかわりをもった人の喪失を体験するとき，私たち自身のバランスが混乱させられる。私たちは，パンクのおかげで永続的な変化が起こらぬよう，できるだけ早く旅をつづけられるように車のタイヤを取り替えるのと同様なやり方で，問題は扱えるかのように振る舞うかもしれない。別のことばで言えば，私たちは喪失を「あちらにある」もののように，一つの独立体あるいはそれ自体のなかの経験のように，私たちのライフスタイルや存在形態には何も影響ないかのように取り扱おうとする。私たちは「生活をつづけていかざるを得ない」と言う。あたかも，物事のバランスの知覚や経験が喪失によって影響を受けなかったかのように。

　より広い大洋は，太平洋の海岸での溺死によって目に見えないほどしか影響を受けなかったが，溺れた男性の生と死のネットワークにもっとも親密に関与した者は影響を受けた。彼の死のために，ボーッとした状態がつづくかもしれず，個人とより広い社会的文脈におけるライフスタイルの再評価を引き起こす

かもしれない。幾世代も，個人は，その対人的社会的文脈，その内的態度と願望から独立した主体とみなされてきた。治療手続きは文脈と相互関係，影響ある人びと，関心をもつとりまきを除外することに，しばしば，ばかばかしいほど厳格だった。

人間の存在と人間が経験する危険と苦痛にたいする力動的で文脈を重んじるアプローチが徐々に受け入れられてきた。特定の病気を治療することの魅力と，特定の原因と，特定の介入法を探す還元主義のモデルを採用してきたため，危機の意味と重要性を，人の包括的な生物学と生活史，対人的文化的文脈，生態学的精神性のなかに探し求めるより帰納的なアプローチへと，十分に質の変化した転換をおこなうのはなかなか困難であった。これはまた，人を原因となる影響への受け身的な応答者とする見方から，自己コントロール，意欲，想像力，望ましい目標を達成する行動といった，自分自身の力を利用できる積極的な行為者としてみることへの転換を含んでいる。この点で，現在の自己に何が起こっているかばかりでなく「可能性としての（さまざまな）自己」(Marcus & Nurius, 1986) と，それらが人びとの，自分が何になりたいかについての考え方，彼らの潜在能力と，未来にどう影響するかをさぐることが重要である。可能性としての自己は，自己概念と動機のあいだに，きわめてたいせつな結びつきをもたらす。それらが本来の行動の誘因として機能し，現在の自己とその機能の仕方に何らかの評価を提供するならば。

人びとは，自身の可能性としての自己を育てるのに重要な役割を演ずる。それは，可能なかぎりの自己と外界のあいだの基本的相互関係の探索である。人びとは人生のさまざまな喪失に遭遇して，大きな苦悩と苦痛に耐える。これらの人生の出来事にたいする彼らの反応は，往々にしてその出来事の大きさ，重さ，頻度よりも，その時点で彼らのまわりにあった資源と，まだ探索されていない資源の布置全体の統御によってかたちづくられ影響される。

これら資源を効果的に用いるには，よい計画と準備が必須である。次の七つの問題点は厳重な注意に値する。

食　事

　悲嘆はその犠牲者を往々にして慰めと食物探しに向かわせ，情動的そして実存的空虚さと飢餓感を身体的空虚さと飢餓感に混同させる。もしこの思いちがいが促進されると，悲嘆にくれている人は，過食したり拒食したり，不適切なものを食べ，決まった食事の時間を守らなかったりする。こういった行為はサイズの問題や，不健康で危険度の高い代謝機能，高血圧，さらに糖尿病，慢性の痛み，消化不良といった誤ったストレス管理の病気へと導く。

　将来のライフスタイルには，食事自体，食事時間，食べ方と栄養管理，塩分と高コレステロール物質の制限に慎重な注意を要する。さらには内部身体機能と身体イメージのしっかりした調和と，人がその生物‐社会的および心理的文脈のなかで，いかに最大限に健康的でいられるかのアイデンティティと概念を維持することも要求される。

身体的フィットネス

　健康とストレスへの積極的な対処と適応には，身体的フィットネスが必要である。人は規則的なエアロビクスの練習プログラムを取り入れたり，気まぐれで無責任な運転のような危険性のある行動を避け，喫煙，アルコール乱用，他の有害物質とカフェイン，塩といった物質の過剰摂取を避けるように奨励されるべきである。また，歯の衛生を守り，ストレス管理，自己成長，精神的自覚と豊かさにつながるプログラムに参加することがすすめられるだろう。

　私たちのライフスタイルは，ストレスと，要求されることが多いという広くいきわたった認識があるとはいえ，悲嘆と喪失反応が極度に悲惨で破滅的なストレス反応であることは見すごされがちである。その代価は，長期欠勤，生産性の減少，事故率の上昇，家庭の崩壊，健康関連の出費増加をまねくところまで広がってくる。ライフスタイルの変化が，この喪失と悲嘆のストレスへのより建設的な対処法をもたらしてくれる。

リラクセーション

　ストレスの強いライフスタイルは，新たなライフスタイルの一部として，瞑想とリラクセーションの訓練導入を必要とする。米国上院のウィリアム・S・コーエン（W. S. Cohen）は言った。

　　今日，以前にも増して，私たちの死に方は，私たちの生き方に密接に関係してきている。

　リラクセーションと瞑想には，不安を受容するのを学ぶとき，不安についての不安を減らすこと，不安にたいする耐性を高めることが含まれるだろう。人びとは，毎日の反省（その日の出来事を逆に評価なしでたどること）の手続きのなかで，彼らの1日の肯定的なひとときと出来事の確認，自尊心と自己効力感を生みだすイメージづくりを教えられる。リラクセーションと瞑想は，不安とストレスに対処するたんなる技術ではない。それらは人生にたいする別な歩調の取り方，関係の変容への徐々に発達する気づきを反映する。また，人と環境とのあいだ，出来事への反応の仕方とあるライフスタイルとのあいだの生態的織り交ざりぐあいも反映する。そのライフスタイルにおいては，関与しつつの観察者としての生き方と，即座のかかわりとより長期的視野の自覚が育ちつつある。

　シャーリー・マクレーン（Maclaine, 1985）が次のように書いている。
　　「ひじょうに多くの人びとが」とクリスは言った。「こういう特質を理解するほうへ急速に動きはじめている。それは，彼らの人生と彼らのまわりの人びとの人生を変えた。彼らの人生はあらゆる面において，より肯定的になりつつある。」彼女は自分の素足を見下ろした。「世界はたった今，分極化してめちゃめちゃに見えるかもしれないけれど，突破口を開けようとしている新しい人間たちもいる。機が熟さなければ鐘は鳴らない。そして時は今。人びとは自分たちの霊的理解のほうが知的理解よりもずっと力強いということを理解しはじめている。」(p. 319)

　悲嘆と喪失反応におちいっているあいだ，私たちが自分の身に起こっていることに，いかに気が狂ったように心を奪われてしまうものかということを，私

たちは知っている。しかし，それでも起こっていることは，私が何であり，誰であるかということと同じではない。私が「私」として知っているものは，私の記憶，私の感情，私の思考とは別である。私たちは，自分たちの人生の出来事に何か意味を探すが，知性や感覚のはたらきから離れて，物事の意味を知る直観的な能力もある。直観とは，世界の部分を観察するよりも，むしろ統一された世界と一つになることである。それは物事の真実として受け入れられている絶対的障壁が溶けてしまうことを発見するすることである。それは音楽に聴き入り，その音楽の一部になりきってしまうことである。音楽の様式，形，内容を超えた何かが，解放され関心の優位を占めるようになることである。それは自己を瞑想と神秘主義の形態のなかに解き放つことである。私は私の意識となり，それ自体である。私たちは自分の生活の多くの物事を，具体的で実際的な方法でとり扱わねばならないことを知っているが，私たちは，発見，覚醒，これらの物事が私たちを支えるように見えるトランス状態を通り抜けることによって，この別種の意識に達することができる。

　悲嘆と喪失のなかで，人はよく自分がぼーっとしているとか，夢のなかにいるようだとか，半分眠っているようだとか言う。アーサー・ダイクマン（Deikman, 1982）が書いている。

　　　私たちが目覚めると，自分が夢をみていたことがわかる。でも夢のなかでは，
　　　他には何もないように見える。

彼の言う目標は「ふだんの生活のトランス状態からすっかり目覚めること」である。この点で，私たちが進歩すればするほど，私たちはより大きな真実とより大きな自己をさらによく知り，能力を高めるような人生全体の文脈を回復する。

新たな課題

　新たなライフスタイルでは，その人，その喪失，その社会的文脈にふさわしい課題をつくりだすことが必要である。消極的に変化を待っているかわりに，その人は自分の喪失をうまくのり切ること，その積極的なのり切りを反映するようなライフスタイルの再形成に，活発にそして敏感に参加することが奨励さ

れる。ジュディス・ウォーラースタイン（Wallerstein, 1983）が離婚により喪失を体験した子どもたちに六つの心理的課題を提出して例とした。

1. 両親の断絶の現実を認め，その意味する変化とそれが子どもの体験する空想とは別であることを理解せよ。
2. 学校と遊びでの一般に受け入れられている活動にもどれ。これは，たとえ親が子どもからの支持を得ようと試みても，親の葛藤と苦悩から身を引くことを意味する。そのことは，また家族の危機を子どもの思考のなかで優勢な地位から取り除くことを意味し，それがかわりに不安と抑鬱をコントロールする能力を要求する。
3. 家族の慣れ親しんだ毎日の日課の喪失，役割，地位，家，学校，象徴，伝統の喪失，2人の両親という保護的存在と無欠損の家族の安全性の喪失をきりぬけ，衝撃を緩和すること。このことは片親の喪失によって引き起こされた拒否，屈辱的な愛されなさ，無力さの感覚を克服することを結果的に意味するだろう。
4. 怒りと非難を認め溶解させよ。死別とちがい，離婚はまったく両親の行動であり決断である。子どもは科のない離婚は信じない。彼らは一方，あるいは両方の親を非難しがちで，ときにはその非難が一方の親によって積極的に助長されたりする。怒りは強烈で永続的になり，他の破壊的な行動にその継続的な影響を及ぼすことがある。
5. 状況の永続性を受容せよ。子どもたちは，何人かの両親と同じように，けっしてあり得ない喜びにもどる空想をもちつづけるかもしれない。離婚された子どもが，離婚の永続性を容認することは，死別の永続性を容認するよりもずっと困難である。
6. 子どもの愛し愛される能力の現実的な見方に到達し維持すること。これは子どもと社会にとって最も重要な課題の一つである。それはその子どもが成長するにつれて影響を与えるばかりでなく，彼の成人の時代と，彼が子どもに伝えるものにも影響を及ぼす。

似たような課題が，他の喪失の体験にも設定できる。

抵抗のための資源

　実際のところ，人びととその環境は，ある人びとが「心的資本」(Sales et al., 1984　参照) とよぶものを形成している。創造的な抵抗のための資源を備蓄することにより，進行中のライフスタイルに貢献するようなライフスタイルを築くことができる。それによって，将来のストレスと喪失に対処するより大きな弾力性と心的資本ができる。

ライフスタイル

　ライフスタイルは，その人のこれまで住んでいた，また住んでいる，そして住みたいと望んでいる環境に強い重きをおく。これらの環境に喜びを回復し，これら環境の気分，耐久力，刺激を変え，それらの提供する支持とまた積極的なコミュニケーションの流れを増す方法を計画することがたいせつである。
　喪失と悲嘆の姿勢から，創造的で幸福で全体論的な志向をもつライフスタイルを定式化し計画することが必要である。ストレスは取り組み解決できる問題に転換され，意味と目的は生き残って十分に生きようとする意志を持続させるために積極的に育まれる。ついには死そのものに直面するに至るまで。
　外的な状況が，喪失や死別のために変化したとしても，以前のライフスタイルを維持したい，空想のなかに退行していたい，不満と幻滅をうつしだす態度，気分，行動に，心を奪われていたいという要求と願望がある。
　それゆえ，新たなライフスタイルの内容，方向，気分，課題を定期的に振り返り，たいせつな回復の過程のなかでの，その役割と地位を確認する必要がある。

11章　宗教の占める位置

> 神は，私たちひとりひとりが神と崇めるものを信じることをやめたときに，死ぬのではない。むしろ，私たちの生活が日々新しい，しかしゆるぎない驚異の輝きを失ったとき，私たちが死ぬのである。驚異の念の源はすべての理性を超えたところにあるからである。
>
> 　　　　　　　（ダグ・ハマースキョルド）

　私はわびしい片田舎の広い農場で，孤独と向き合って成長した。その私にとって，死との最初の出会いが動物や小鳥の死であったのはおそらく当然のことであったろう。やがて私は，この一風変わった島国のような故郷から，はるか遠くのヨーロッパ，アジア，アメリカの大都市へと移ることになった。その旅で，死に瀕している人びとと出会い，愛する者と死別した家族や，悲劇的な運命のなかで殺された家族たちの話を聴いた。また，それは，喪失と死の心の痛む衝撃について人びとの理解を深め，その取り組みを援助するために英知を結集しているセラピストやカウンセラーたちと話し合いを深める旅でもあった。
　サイコセラピストとして，私はその特有な視点から，上に述べたような経験にかかわってきた。また，牧師としての私は，誰もが経験することではありながら，きわめて私的なこの種の心の動揺のもう一つの側面に立ち入る機会が与えられた。この二つの役割のおかげと，加えて，私自身の強い好奇心と，一貫した批判的問いかけで，この人間特有のストレスと不幸について，他の人びとよりは多くのものを見てきたように思っている。その国の最も優れた病院で，最後の時を迎えた著名な人びとや叙勲という栄誉を受けた人びとと，彼らの死の直前の時間を分かち合ったことがある。スコットランドの北東岸のはずれの粗末な小屋で，貧困のなかに死んでいく年老いた漁師の妻の傍らに座ったことも，わが子を埋葬する親を大勢の人びととともに見守ったこともある。また，

遺体はおろか，その一部さえも見つからず，葬式を出すことさえできない若い兵士の死を，1人残されて嘆いていた母親と一緒に悲しんだこともある。死にさからい，あるいは死を拒否するドラマ，物語，詩を読んだことも，また，死の悲しみのすべてが十分に描ききれていないような作品を手にしたこともある。

人びとは，昔から死や悲しみと出会うとき，宗教に心を向けてきた。そして信仰や経験，儀式，行動などの体系化を広範囲にわたっておこなってきた。このことは，私たちの知るとおりである。それらの試みは，死についての抑制の効いた知的分析にはじまり，神秘的な体験，狂わしい激情，宗教的情熱にまで及んでいる。しかも，なかには明らかな矛盾を数多く含んでいるものもあって，何が信頼でき，何が健全で，正当であるかなどの判断がつきかねる場合があるほどである。

深く愛していた父親を亡くしたある家族は，内輪だけの葬式をおこない，2日後に新聞に簡単な通知を載せることにした。父親との関係に葛藤があり，ぎくしゃくしていた別の家族は，盛大な葬式をおこなった。彼らは，葬儀次第についてことごとく言い争い，きらびやかな儀式が終わって1時間も経たないうちに，もうはげしい口論をはじめた。これはべつに驚くほどのことではない。

何百人もの司教，牧師，それから，いわゆる信仰深い人びとが参列した大司教の葬儀を，(不謹慎な言葉をお許しいただければ) 私はちょっと楽しんでしまったことがある。盛大なミサがおこなわれ，大司教の遺体は大聖堂の納骨堂に安置された。彼には，死によって，教会がその著名なしもべの遺体に授与しうる最高の栄誉が与えられた。しかし，参列したほとんどの人びとは，大司教の自分たちにたいする仕打ちや，彼の押し進めたいくつかの計画から，彼の卑劣な人間性についてよく知っていたのである。

私たちは，首相や著名な政治家が埋葬され，あるいは火葬にされるのに立ち会うことがある。彼らの遺体は，その最後の瞬間まで，実際の彼らより上等の人物であるかのように扱われる。一方では，彼らによって戦場に送り出されて戦死し，葬式さえしてもらえない何千人もの男女がいる。なぜそのような盛大な葬儀が公的行事としておこなわれるのか，私はしばしば疑問に思ってきた。

最近，人の死に際し，また，葬儀の準備にあたって，宗教と教会の果たすべき役割について見直しが盛んである。これは私たちの文化における宗教と教会

の広い意味での再評価の動きの一つである。葬儀の場所は，従来の教会から葬儀施設へ，火葬場，墓地のそばの集会所へと移りつつある。講話をする人も男性であったり，女性であったり，牧師であったり，そうでなかったり，実にさまざまである。とくに大都会では牧師でない一般人が祭司を勤めるのが一般的になっている。これらの人びとの多くが伝統的な宗教的形式を踏襲したり，類似した役割を演じている。これはなかなか興味深い。しかしなかには，悲しみの文学についての造詣が深く，自分自身がもっとも感銘を受けた現代文学の一端をその話に織り込む人もいる。また，悲しむ会葬者の話に耳を傾け，拡散した情緒の表現や開放を促すような言葉を使う人もいる。全体的にみて，このような現象は，旧態依然とした牧師の表現に見られるステレオタイプの言葉づかいや様式，役割などからの賢明な脱却であると私は言いたい。ところが，牧師のなかには，使い古されたやり方はやめたと言いながら，第三者には，相変わらずの内容を話していると思われる牧師がいる。これはまことに奇妙なことである。

＊

　宗教は，つねに，その信奉者のなかに両面価値的反応や行動を引き起こしてきたようである。一方では，人びとの生活や仕事に関して決定をしたり，財産の売買にかかわったり，また，人の心に恐怖を植えつけて行動を強制しようとしながら，つねに世俗的な権力と渡り合ってきた。他方で，ある種の橋，つまりこの世界ともう一つの世界とのあいだ，「現世と来世」とのあいだ，人間と神とのあいだなどの架け橋のようなものと見なされている。

　そもそも，宗教（religion）という言葉は，「結びつける」（bind）という意味をもつ。それはもともとの意味において，また，慣習的にも，人間を神に結びつけること，人間の行動と信仰を結びつけることと解釈されてきた。この結合は，次に挙げる宗教の目的に優先するものであった。すなわち，
・人間を高い理想，より優れた人間性という大きな夢に結びつけること。
・人間を生命，すべての生の肯定に結びつけること。
・男と女を平等と平和のうちに結びつけること。
・人間共同体を新しい創造のために結びつけること。
　しかし，中には，人びとを天地創造や生の可能性の神秘と驚異へと導くもの

ではなく，平凡で，予見のできる宗教や神秘性を失った宗教になってしまったものもある。このような宗教の形式では，人間の罪深い本質，地獄に落とすという脅し，専制的な信仰と宗規で人を束縛する必要性などが最大の関心事である。宗教の機能は私たちを来世へと導く架け橋のようなものであると，しばしば理解されている。だから，アーサー・ダイクマン（Deikman, 1982）が引用するイスラム教，スーフィー派の聖者，ラビアの次の言葉はほとんど注目されない。

　　おお，神よ──
　　　この私が地獄を恐れるあまり，あなたを崇めているとしたら……
　　私を地獄へ落としたまえ。

　　　この私が天上の楽園を乞い願って，あなたを崇めているとしたら……
　　私に楽園を与えたもうな。(p. 117)

　とりわけ，死に際して，私たちは，宗教がどのような形で私たちにかかわってくるかを知る。すなわち，その時，宗教は，亡くなった人の遺体を扱わなければならない。遺族が遺体やこれから先のことに与える意味づけに，宗教はかかわっていかなければならない。愛着と喪失の問題をはじめ思い出や形見の品々を処理し，死の現実と，これからも生きつづけることを可能にする生き方などにも対応しなければならない。

　ユダヤ教とキリスト教とに由来する宗教は，その最盛期に，以下のような主要命題を強調している。

・人生を肯定し，それを全うすること。
・究極の関心事を示すこと。
・経験の奥底に秘められた意味に，耳を澄ますこと。
・神との一体化に近づくこと。
・復活，新たな命，創造のシンボルを祝福すること。
・他者と共に在るための，また共に有意義に生きるための勇気を獲得すること。

　もちろん，この他にも，宗教が強調する命題はある。

・人間の罪深い本質と，悔い改めの必要性。
・救済のために必要な約束事と信条。

- 現世と来世における罰。
- 現世と来世における恩寵。
- 個人の個々の責任,信仰心,救済。
- それに値することを証明した人びとにたいする死後の世界の保証と,それについて確かな保証を得ていない人びとの抱く大きな不安。

※

　現代に生きる人びとの多くが,喪失と死の問題に関して,宗教と教会の教えによって混乱させられていることは,それほど不思議なことではない。それには,両極端に位置する二つの考え方があるからである。

　その一方の極に,聖書の言葉を文字通りに信じるファンダメンタリストの考え方がある。その明白な教義,聖書の文字通りの解釈,付与された権威の主張などが,人びとを引きつける。この考え方を信奉する人の数の多さが,それが説得的であることを物語っている。それは,目的が1人ひとりの信仰心の追求と死後の世界の保証を伴う救済であることを強調する。もう一方の極に立つのは,この世は今,ここで十分に生きるべきであるということを重視する立場である。また,神と一体化した生活とは,共に生活する人びとと自然環境の相互依存的な一体化であり,人びとが生を共に受けるための能力や,ここ,そして今の生の可能性を確信しつづけるための発達する能力は,神が人びとに与えてくれるものと考える肯定的な立場である。また,過去は神にゆだねることができ,未来は神と共にあり,そして現在は神の恵みとして私たちに与えられている,とそれは断言する。

　この両極端の考え方の中間に自分は位置している,と思う人もいるかもしれない。しかし,大部分の人は宗教についてあまり知識をもっていない。混乱してしまい,説得と感情的な脅しの標的になりやすい。退行への傾斜がたやすく誘発されることもある。人びとが現在の生活の充実を現実のものにする努力をやめて,死の床で手に入れるかもしれない幸福の感傷を甘受する方向へ向うのも意外なことではない。

　かつて,アメリカのもっとも偉大な心理学者といわれたウイリアム・ジェイムス(William James, 1842～1910)は,次のように提唱している。

- 私たちが日々生きている現世は,より霊的な世界の一部であり,そこから

現世の意味は引き出される。
- その，より高みにある世界との和合した関係こそが私たちの目標であり，その方向を目指して，私たちは進まなければならない。
- そのもう一つの世界に存在する霊との交わりは可能であり，それによって，霊のエネルギーが私たちの住む経験の世界に流れこみ，精神的，物質的な効果をもたらす。
- 私たちは，自分たちを超える大いなる存在との和合を経験することができる。その大いなる存在は，私たちや私たちの理想のために力になってくれるものであり，それとの和合によって，私たちは至上の心の平安を得ることができる。(Knight, 1950, p. 217 参照)

※

　さまざまな宗教の内部で，特定の人びとが，宗教的関係，神秘的関係，神 - 人的関係などを構成する特殊の部分を特に強調してきた。啓示と解放という使命を託され，また，そのための能力を与えられた高位の霊の使者であると主張する人びともいた。キリスト教においては，イエスがそれに相当する。イエスは，やがて少数の使徒たちや信奉者の支持を集めた。そのうちの何人かが新約聖書に収録されている福音書と書簡を書き残したのである。

　このもう一つの世界の霊との和合を追求した結果，宗教の創始者の教えのなかに不死と死後の命の望みを見いだしたとしても，それは驚くことではない。この考え方は，ある人にとっては，慰めを与えてくれるものであり，他の人にとっては不安にさせられるものである。また，これを筋道の通った考え方と受け取る人もいれば，馬鹿げたことと片づけてしまう人もいる。イエスの教えを吟味すると，その中心にある教義と，彼の使命を解く鍵とが，次の言葉のなかに集約されると考える人びとがいる。すなわち，「わたしが来たのは，人びとが命を受けるため，しかも豊かに受けるためである。」(ヨハネによる福音書10：10)。明らかにその意味するところは，この今を全うするということであった。また，別の見方をする人は，イエスの使命の主眼は，現世の後の世界における命の可能性を人びとに示すことであったと考える。同じヨハネによる福音書のなかに次のような記述がある。

　「わたしの父の家には，住むところがたくさんある。もしそうでないならば，わ

11章 宗教の占める位置 155

たしはそのように言っておいたであろう。なぜなら，わたしは，あなたがたのために場所を用意しに行くのであるから。」（ヨハネによる福書 14：2）

このような言葉に，さらに永遠の生命への約束についてのさまざまな文献をつけ加えると，不死に関する論拠は，よりいっそう確かなものになると思われる。

少なくとも，二つの論点がこの議論を複雑なものにしている。その一つは，イエスが教えを説く人であるだけでなく，神秘論者でもあることである。それが私たち西欧世界の人間にとっては，理解するのに骨が折れる点である。イエスが，自分は父と一体であり，私たちもそうなることを祈っていると言うとき，私たち西欧人は，これを有形のものとして文字通りに受け取ってしまう。イエスが永遠の生命に言及するとき，私たちはそれを年代的，あるいは線的表現として解釈し，文字通り永遠に終わることのない生命を意味すると考えがちである。しかし，「永遠の生命」という言葉は，生命の長さについて言っているのではない。その深さと質を指している。また，葛藤，曖昧さ，悲劇などとの闘いにおける勇気の勝利を意味しているのである。今世紀の傑出した神学者の1人であるポール・ティリッヒ（Tillich, 1964）は，不死の概念について，次のように書いている。

> プロテスタントの国のなかには，不死の概念はキリスト教のメッセージ全体のなかの最後の名残りとなっている国もある。しかし，非キリスト教の疑似プラトン哲学における，個人の現世の生命は死後も肉体を伴わないで継続するという観念についても，このことがあてはまる。この民間の迷信の表現に不死が象徴として使われるところでは，それはキリスト教により激しく拒否されるにちがいない。なぜなら，永遠性を共に受けるということは「来世の生命」ではないからである。また，それは人間の霊魂が本来もっている特質でもないのである。それは，むしろ神の創造的な技なのである。神は一時的な現世を永遠から切り離し，再び永遠へと立ち返らせるのである。(p. 437)

聖パウロが，「死ぬべきものが，死なないものを必ず着ることになる。」（コリントの信徒への手紙一 15：53）という言葉で，この変換について語っている。これは，こうして私たちが限りある存在でなくなると言っているのではなく，限りある身でありながら，無限，すなわち，永遠に呑み込まれ，取り込まれるという意味である。

したがって，永遠の生命とは，永遠のなかの生命，神の手のなかの生命といえる。神の「手のなか」にあるとは，次の三つのことを意味する。すなわち，
- その源が神から発している。
- 存在する力は，神からもたらされている。
- その方向づけと成就は，神との関係のなかで表現される。

神は，この天与の生命そのものの成就に向かって，すべてのものを導く。それが聖なる至福の本質的な意味であると考えるのが上記の神学的な見方である。これは，不死の状態あるいは完全の域といった状態ではない。私たちの存在のもつ否定的な側面と，生の不確かさとにかかわりながら同時に，聖霊と共にあり，その手のなかにあるという状態のことである。

※

自己の存続について，何らかの保証を追求するのは，とくに宗教や神学に限られたことではない。エール大学の精神医学の教授，ロバート・リフトン (Lifton, 1973) は次のように書いている。

> 死を超越したいという欲求は……生命のさまざまな要素との象徴的な関係を時間と空間を超えて連続的にもっているという感覚を，心の深いところで維持したいという差し迫った衝動を表わしている。言葉を換えて言えば，私が語っているのは，それ自体，何かの代償でもなく，病理的なものでもない。それは生物学的な意味でつながりのある仲間との絆や，過去と未来というその人自身の歴史との絆の象徴として，人間が抱く不死の感覚についてである。(p. 6)

リフトンはさらに，この不死の感覚は，次の五つの様相を呈すると提案する。
1. 生物学的な様相。それは，自分の子どもや孫を通し，また，自分の教え子と，おそらく仲間を通して生きつづけるという感覚として意味をもってくる。
2. 神学的な様相。
3. 「仕事」の様相。自身の業績，著作，与えた影響，言葉などを通して生きつづけるという感覚のなかに認められる。
4. 自然の主題。循環する季節と自然のリズムのなかに，私たちの不死が見いだされるということ。
5. 超越の様相。それは，「無我」の境地として体験される。歓喜，有頂天，

心霊的な一体感，強烈な知覚体験などに達すること。

　これら五つの様相のなかに，たいていの人は，この不死の感覚が広い範囲に拡散して追求されている側面を容易に認めるにちがいない。神学的な様相に関して，とりわけ「来世の生命」についてのキリスト教の教義や，教条主義のいくつかの表現についての論争にはよく出会う。これについては，キリスト教の基本的な信条の問題ではなくて，キリスト教の言葉と教義が歪曲され，誤って解釈された結果であると，私は折りに触れて述べてきた。それは，存在のすべての次元を包含する霊についてのキリスト教の概念と矛盾する肉体と霊の二元性を説くキリスト教小分派（訳注：たとえば3〜7世紀に有力であったマニ教）の考え方への逆行である。経験にもとづいていえば，私は来世の生命については，不可知論の立場をとるつもりである。単純にいって，人間の霊と存在に何が起こるのか，私たちは知ることはできない。たしかに，その人の存在が，しばらくのあいだは記憶に留められることは，誰もが承知している。しかし，時の経過と共に，そして世代の交代がつづくにつれて，それはしだいに忘れ去られてしまう。もっとも，その人が，かつて生きていた証として家系図にはその名前は残るであろうが。

　もう一つの問題は，真の理解とは何かということである。つまり，死後の生についてどう語ったらよいのであろうか。そもそもこの生と死という言葉は，まったく正反対に対峙する言葉である。今生きている人は死んではいない。死んでいる人は，生きているとは言えない。言葉とその定義には，時には論点を混乱させてしまう妙な特性がある。たとえば，人が「半ば死んでいる」，あるいは「死にかかっている」，また「彼は死んだも同然だ」などと，私たちは口にする。この人は「法的には死んでいない」と言ったり，あの人は「感情的には（あるいは，心理的には）死んでいる」，あるいは「気持ちの上では死んでいる」とも言ったりする。そのほか，医学的に，法律的に，そして機能的に死の時点を確定する境界線についての定義も存在するのである。

　この混乱が『ザ・ミカド』の終幕のココの台詞のなかで脚光を浴びている。

　　それはこういうことなのです。陛下が「そう致せ」とおっしゃると，そうされたも同然なのです。実際に実行されるのです。……陛下が「男を殺せ」とおっしゃると，その男は連れて行かれて殺されるのです。ですから，その男性は死んだ

も同然なのです。事実上死んでいるのです。もし，彼が死んでいるのなら，なぜそうおっしゃらないのですか。

12章　最後の儀式

　なぜ，外へ出て果樹園の方へ歩き出したのか，自分にもよく分からなかった。果樹園の仕事は全部すませてあった。でも，パパにおやすみを言い，二人きりにならずにはいられなかったのだと思う。虫たちが，まるで聖歌隊のように，私の周りで鳴いていた。私はきれいに土が盛られ，つき固められた真新しい墓のところまで来た。このバーモントの土の下のどこかに，私の父ヘイヴン・ペックが居るのだ。父が汗水流して働いていたこの大地，手に入れることをあれほど渇望していたこの土地に，彼は埋葬された。今は，彼が大地のものとなっている。「おやすみ，パパ。この13年間，楽しかったよ」と私は言った。
私に言えたことはそれだけだった。踵を返すと，草を刈り取られた小さな墓地の前から，私は立ち去った。

　　　　　　　　　（ロバート・ニュートン・ペック）

　人の死にあたって，家族や立場上責任のある人びとは，まず埋葬か火葬について気を配らなければならない。これは，衛生上必要なことであるが，同時に，考古学的調査結果によると，旧石器時代中期のネアンデルタール人にまで遡るといわれる文化的慣習でもある。私たちの文化には，この遺体を埋葬か火葬の場へ適切に移すという重要な課題(つとめ)を実行するのにあたって，実にさまざまな習わしがある。この基本的な課題に，私たちは喪失の深い悲しみや思い出を刻むための儀式を伝統的に織り込んできた。このような最後の儀式についてここで一考することは，有意義なことであると思われる。なぜなら，それらは悲嘆から立ち直り，人生の重要なやま場を確認するのに役立つからである。
　まず，埋葬式あるいは火葬の儀式に含まれるしきたりまで併せて考えて見たい。その際，基本となるのは，キリスト教の儀式である。なにしろ，私が経験しているのは，この形式が最も多いからである。キリスト教会の葬儀に出席した人は誰でも，到底同じ宗教とは思われないほど，それぞれのやり方に相違が

あることに気づくだろう。一方では，鎮魂ミサの儀式があるかと思えば，もう一方では，教会か宗派の牧師による即席の祈りと，聖書の朗読のみというまったく飾り気のない墓地での埋葬式がある。牧師は儀式を一切おこなわず，その聖職のシンボルや式服を使わないこともある。私自身も，死亡したときの情況のちがいにもかかわらず，またその故人に直接つながりのある家族や友だちの信仰や信仰生活とはかかわりなく，まったく同じ聖書の朗読や祈りがおこなわれた儀式にたびたび列席したことがある。

　教会や牧師たちは，自分たちのしきたりにとらわれ過ぎてはいないだろうか。そのために，彼らの言葉づかいや葬儀の形式が，聴衆にとっては理解しがたいこと，大部分の人が聴いてさえもいないという事実を彼らは明らかに見逃している。牧師が，熱心に型通りの祈りを読みあげているあいだ，あるいは個人的に，言語学的に秘教的な言葉づかいで神との対話をしているあいだ，会衆のほうは，それにほとんど興味を示さず，また，理解もしていないようにみえた光景を私自身目撃したことがある。会葬者は牧師が示す態度や共感によって強く心を動かされるものである。牧師が義務的におこなっていると会葬者が感じてしまうような儀式によってではない。また，葬儀の際に何が語られようと，何がおこなわれようと，それらは，すべて適応の過程の一部となり得ることもある。しかし残念ながら現実はそうでない場合が多い。牧師は，むしろ祈禱書を閉じて，静かに座し，悲嘆にくれている人びととの立ち直りや，究極の健康と幸せのためにどのような役割を効果的に果たすことができるかをじっくり考えたほうがよいと思われる。そのようにして初めて，それぞれの場合に相応しい言葉が書けるにちがいないからである。しかし，残念なことに，これを目指している牧師は，まだ少ない。その主な理由は，次の二つにあると考えられる。

　その一つは，牧師の側が，悲嘆にくれる人びとの必要性に応えて，究極の健康と幸せのために役立とうとするよりも，福音の伝導者であるという自分たちの役割を守ることにむしろ心を砕いていることにある。もちろん，これにたいして異論を唱える人も多いかもしれない。つまり彼らは，福音の伝導と，人びとの究極の健康とは，不可分のものであると言うであろう。そこで，それは次のような対立の問題になる。すなわち，個々の悲しみの状況に，牧師が蓄えてきた学識を突き合わせるという演繹的な方法と，一方，牧師がまず個々の悲し

みの状況に耳を傾け，それが問いかけているものは何か，その特色，必要としているものは何かなどを聞き取るという帰納的な方法とのあいだの対立である。

　もう一つの理由は，牧師は，悲嘆にくれている人びとの社会復帰の過程を分担するという重要な課題に関して，一般的に訓練を受けていないということにある。彼らは，このような状況のなかで，独創的，帰納的に活動するための知識や技術を身につけていない。そこで，指定されている形式に頼るほうが，はるかにやりやすいということになるのである。もっとも，このような指定された形式には，往々にして個々の状況に適切でないものもある。それでも，それらのほうが，私自身がいくつかの葬儀で耳にした取り留めのない無駄話しや，心のこもっていない，知性の欠けた言葉よりはまだましであると言わねばならない場合もある。

※

　ある葬儀会場で，集まった会衆は感謝と感動の渦のなかにあった。故人となった人によって名誉を与えられた人類の一員であるという思いで，人びとは彼ら自身の品位が高められ，威信の高まりを味わっていた。その故人は大きな苦難を乗り越え，勇気をもって一生を終えた人であった。すべての人の心は打たれていた。そのような状況のなかで，葬儀を執りおこなう牧師が，重々しい声で，私たちが（すなわち会衆が）「暗闇と悲しみを乗り越えられますように」と願う祈りで式をはじめたとしたら，何と不似合いなことであろう。何が暗闇，何が悲しみなのであろうか。

　また，88歳の祖母の葬式に，遺族とともに会葬者が集まっていた。9年ものあいだ，この老女の看護は，家族にとってはひじょうな重荷となっていた。彼女は，大柄な女性であった。脳溢血の発作がもとで，右半身が麻痺し，老人性の意識混濁のなかを行きつ戻りつしていた。79歳で倒れる前の22年間，その老女は，娘夫婦の家族とともに暮していた。彼女が亡くなったとき，皆，内心ほっとした。牧師はだらだらと（私たちにはそのように思えたのであるが）祈り，聖書を朗読し，説教をした。彼は，人生の苦しみと，約束された来世について話したが，そのなかで一度もその家族の思いに共感することはなかった。式がしだいに終わりに近づくにつれて，牧師の声はしだいに小さくなり，ついに途切れた。そして囁いた。「墓地のほうへ参りましょうぞ。」その言葉づかいから，

牧師が別の世界に入りこんでしまっていたのは明らかであった。とはいえ，聴衆の様子をよく理解していなかったこの牧師には，彼らの多くが声を上げて笑いだしたい衝動を必死に堪えていたことが分からなかったのである。

　アメリカで開かれた悲嘆に関するセミナーに参加したときのことである。牧師職については第一人者である教授が，学生たちに（全員牧師になるための訓練を受けていた），葬儀を開始するときは，まず，人びとがそのときどこにいるかを表わす言葉ではじめるべきであると指導していた。具体的には，「私たちはいま，死と対面している」という言葉ではじめるようにと教えていた。私の考えでは，これは誤りである。なぜなら，死は存在しているものではない。それは状態あるいは状態を説明する言葉である。「私たちは，生と対面している」とは言わないのに，なぜ「私たちは，死と対面している」と言えるのであろうか。もう一つ彼が犯したまちがいは，いくつかの知られている現実は肯定したほうがよいと思われる場合であるのに，その最初の言葉で否定的な，また，おそらく説明がつかないことを最大の関心事にしてしまっていることである。

　就労中の事故で死亡した青年の葬儀の席で，ある牧師が，前述の教授の教えを実践しているのを私は聴いたことがある。もっとも，この牧師は，私が言及した教授の授業を受けたことがないのは確かであるが。牧師は教会には属していないように思われる多くの若い聴衆と何らかのつながりをもとうとして，次のように話しはじめた。「私たちは，本日とても微妙な状況に身を置いております。……なぜ，この若者が亡くなったのか，私はあなた方を納得させるような言葉を知りません。」しかし，実際のところ，列席していた若い人たちは，誰もがその死の原因を知っていた。彼は，致命的な過失で機械に巻き込まれ，周囲の人びとが何が起こったのかに気づく前に，頸を切断されてしまっていたのである。おそらく，彼らが問いたいことは，「なぜ彼が死んでしまったのか」ではなくて，「これから私たちはどう生きていったらよいのだろうか」であったと思われる。

※

　人が喪失と悲嘆で茫然自失の状態にあるとき，葬儀はきわめて些細な出来事である。しかし最近では，葬儀社は葬式の準備を提供するだけでなく，同業者間の競争が激しいこともあって，以前よりもはるかに多くのことを盛り込み，

葬儀を大がかりなものにする傾向がある。加えて，ラジオやテレビによる葬儀の実況放送も，いっそうこの競争に拍車をかけ，派手な特色のある葬儀をするという社会一般の要求をあおることになる。しかし，ここで注意しなければならない点は，葬儀が悲嘆を和らげるのに確実に役に立つと肯定するのは，早まった考えであるということである。その種の葬儀は，むしろ悲嘆を一段と深いものにし，ときには，それに溺れるように促す場合すらあるからである。

　遺族が抱く悲しみたいという要求と，ことを世間に公表したいという願望が混同されている葬儀を見たことがある。ある故人が生前や死にあたって，その人個人ばかりでなく，広く人間性を高めた意義のある存在であり，その意味で社会に意義深い貢献をした。そのことにたいして，人びとが感謝の気持ちと，さらに何か高揚した気分までも表現することのできる葬儀や追悼式がある。しかし，この場合は，ある人びとが彼らの悲しみを表現する手段として，または，地域に何かを誇示する手段としておこなっているように見える膨大な費用をかけた見せ物のような葬儀とは，区別する必要がある。ときには，豪華な葬儀が，奪われた生命にたいする償いであったり，個人的な経験は貧弱なものであったにもかかわらず，社会的認知や承認を維持するための手段であったりする場合もある。

　私たちが，人間の肉体にたいしていかに強く執着しているか，そして，それを失ったときのショックに取り組むことがいかにむずかしいかを，しばしば葬儀を通して思い知らされることがある。極端な物質主義と肉体にたいする強い関心が手を結び，その結果，人びとは現実に起きていることとうまく折り合いをつけることができないでいる。彼らは費用を惜しまないし，過剰な手順をあくまでも要求する。それは彼らに愛情があるからである。彼らにとって，遺体に執着する以外にどのようにそれを表現することができるだろうか。だから彼らは亡くなった人のために，何かをしたいと思う。しかし同時に，その人が死んでしまったことを認めたくないという思いが隠されていることがある。そして彼らはそのような死など，本当はなかったかのように振る舞うのである。しかも，このような振る舞いの裏には，死者が一部始終を見ていて，罰を下したり，復讐をしたりするかも知れないという素朴な恐怖心があったり，またそのように半ば信じ込んでいるという事実もある。

葬儀には，基本的な課題に加えて，儀式という形式があることを認識することはたいせつである。しかし儀式をおこなわないという選択をする人も多い。また，基本的な課題がなくて，儀式だけをおこなう場合もある。（おそらく海難事故で遺体が発見されなかったり，航空機事故で遺体の損傷がひどい場合など。）さらに，課題も儀式もおこなわない人もいる。悲しみが和らぎ，そこから立ち直る速さが，実際の葬儀の儀式に左右されたり，影響されるということはほとんどない。たしかに，多くの人がよく抱く感想として，儀式のある部分やある種の人びとの存在はとくに助けになるし，ありがたいし，勇気づけられ，気持ちを奮い立たせてくれたと述べる。もっとも，側で見ている者にとっては，必ずしもそのようには思えない場合もある。このような謝意を表わす言葉は，その時点での意義深い経験を反映したものであるかもしれない。しかし，心の苦痛を和らげ，悲嘆から回復させるというたいせつな課題にとっては，それはあまり大きな意味をもたないようである。このような課題は別の状況のなかで果たされる必要があるからである。

⁂

葬儀というものには，五つの異なった部分がある。その内容に関してはそれぞれの葬儀によって若干ちがってくる。牧師あるいは関係者が育った宗教上の慣例が，その形式に反映される。次の五つの部分が中心となる。

- 課　題
- 生と死
- 亡くなった人
- 遺された人びと
- 課題の再確認

課　題

人びとは，おこなわなければならないある種の課題を果たすために，葬儀に参加する。もっとも，その課題が何であるかについて，はっきり言葉にしたことは一度もないかもしれない。それは，表現行為であったり，また，参加行為であったり，代理的，宗教的，表象的行為，あるいは義務的な課題であること

もある。牧師や儀式を司る人がしなければならない仕事には，もろもろの事を調整し，世話をする行為と，宗教的な課題がある。ある牧師は，祈りを唱え，教会の定めた儀式を執りおこなうことが自分たちの仕事であると考えている。中には，次のように理解している牧師もいるようである。すなわち，自分たちの課題は，苦しみや悲しみに沈んでいる人びとにたいして心を砕くこと，混乱した状態を整理し，落ちつきをとりもどす方法を見つけだすこと，人びとが彼らの経験に新しい解釈を加えることができるように導くこと，人生には出来事はつきものであるという現実に人びとが積極的に適応して，新しい生き方をする方向に歩き出すように助けることであるという。

　基本的な課題は，他の必要なことや気掛かりなことに紛れて見失われてしまうことが多い。それらは言葉や儀式という仰々しい表装の陰に隠れたり，人びとが自負する篤い信仰心や感傷の仮面の下に隠れて，容易にわからなくなってしまうことがある。

　基本的な課題とは，ひとりの人の死を認め，その遺体を葬り，そして，その人が二度と再び自分の側にはいない人生を新らしく組み立てることである。

　「デイビッド・ルウエリン」(David Llewellin) の死亡の知らせを聞いて，人びとが集まってくる。彼らが最初にすべきことは，まず集まることである。彼らは，個人として，また，団体としての弔意を表わしたいと思う。故人の友人であったことにたいし，在りし日の彼の人柄にたいし，感謝の気持ちをもっているかもしれない。その気持ちを示すことが彼らの課題である。また，彼ら仲間は，お互いに助け合うつもりであること，そして故人の死をもっとも悲しんでいる人びとにたいして支えとなる用意があることも確認しなければならない。不安や不確かな漠然とした気分や，悲劇的状況のなかにあっても，なお生きて前進する勇気をもつことのたいせつさを確認することも彼らの課題である。

　そこで，これらの課題は次のような言葉に表現し直すことができる。「私たちは今，デイビッド・ルウエリン氏の葬儀にあたり，私たちの弔辞——個人的な特別な弔辞と私たち一同のもの——を述べるために集まっております。氏はいろいろな形で，また，いろいろ異なった深さで，私たちの生活とかかわってくださった方です。私たちは，彼にたいして，心からの感謝を，そして私たち皆が共に分かち合った命にたいし，また，すべての命の源であり力である神に

たいして，心からの感謝の気持ちを表わしたいと思います。そして，故人ともっとも親しい関係者の方々——ご遺族，友人，仲間の方々——を気づかい，お力になりたいと思う私たちの気持ちをお伝えするのも，ここにいるもう一つの理由なのです。その方々に私たちが願うことは，これから永遠につづく時の流れのなかに，そして，その方々にたいする私たちの関心と，神の手のなかにある私たちの共通の命から，強さと勇気を見いだしていただきたいということです。」

生と死

　ここで，三つの不安と三つの肯定的な見方について触れてみよう。まず，存在を奪おうとたえず迫まってくる脅威との葛藤という存在論的不安がある。つまり，非存在の脅威，私たちが共有する有限性との葛藤である。第二に，「デイビッド・ルウエリン」の死という特定の死に関する不安がある。つまり，その無意味さ，不確かさ，そのパラドックスにたいする不安。そして，第三には「ここから一体何処へ」という不安がある。すなわち，むだに過ごした生活に屈伏するという不安，人生が私たちに突きつける新しい要求に，どのように反応したらよいのかわからないという不安である。

　これらにたいする肯定的な見方にも，三通りある。一つは，生も死も共に，すべての存在の根源をなすものの一部であることを肯定する考え方である。すなわち，私たちの存在は長い劇のなかの一幕であり，ずっとつづいて流れる過程のなかの一部であると考えるのである。第二の考え方は，たとえ絶望のなかにあっても，深遠なものを求める人間という存在には，新しい展望が開け，新しい勇気が湧き，意味のないもののなかに，意味を見いだすことができるという新しい自信が生まれると考える。たしかに人間には限界はあるが，その境界線は新たに引き直すことができるのである。つまり，人は，「その心の地図を新しく描き直すことができる。それまでは，存在しうるとも，到着できるとも，ましてや，望ましいと思ったことさえもない領域をそこに発見することができるのである」(Wilber, 1979)。第三には，生きることが私たちの課題であり，人生を清新なものにし，充実させることが最終目的であるという考え方である。

聖パウロの言葉のように，私たちは，

> わたしたちは，四方から苦しめられても行き詰まらず，途方に暮れても失望せず，虐げられても見捨てられず，打ち倒されても滅ぼされない。（コリントの信徒への手紙二 4：8-9）

この聖パウロの指摘によると，たとえ存在に関して疎外感を経験しても，私たちは命と勇気の究極の源である神の御前から遠く離れることはけっしてないということである。私たちは，深く愛した人を失いはするが，「何か」が私たちを呼び覚まし，死や真正でないものに従うことを止めさせ，発見と恵みによって，新たにその一つの存在に気づくという経験に導かれるのである。

これらの肯定的な見方は次のような形で表現される。

- 形式
- 行動
- 言葉
- 儀式

※

形式に関係するものとして，場所とシンボルがある。地方の小さな教会から華やかな大聖堂にいたるまで，教会の建物は強力な象徴的意義をもつ。それによって，一握りの数の人びとと世界中の多くの家族とが結ばれ，今というこの瞬間と何世紀にもわたる探究の歴史とが結ばれる。さらに，この一つの出来事と神の永遠の恩寵とが結ばれるのである。教会の外形は，人間の精神の向上と人間としての事情からの超越へと私たちの心を誘う。教会の内部の造作とシンボルは，人生の神秘と苦難を理解しようと努力してきた男女のさまざまな足取りと，神が勇気や癒しのために道を開き，完全や希望に向かう道を示されたその数々の御技を，私たちに思い起こさせる。同様に，儀式の形式と聖職者の祭服には，人類を長い歴史の進行のなかに参入させるシンボル，世界の統合を暗示するシンボル，人間性のなかの平凡さと共に永遠の恵みの約束にかかわる聖職者というもう一つの人間の姿も表わすシンボル，などの威力を伝える効力がある。

人びとは，最近ますます教会と牧師から，シンボルとその意味するものから疎遠になっていると感じている。その結果，葬式を葬儀施設を利用しておこな

うようになっている。葬儀社の多くは，慰めを与えるための場所を用意したり，ある場合には，教会の代わりとなる場を提供しようと心を砕いている。しかし，私がすでに述べてきたような意味では，そのような施設が教会の代わりとなることはけっしてあり得ないのである。そこは人びとが長年にわたって礼拝をしてきた場所ではない。聖餐式のための聖餐台もない。しかも，非宗教的な場に感傷的な宗教を持ち込もうとして，彼らはしばしば音楽まで利用する。録音された型通りの讃美歌『主よ，ともに宿りませ』とか，『千歳の岩よ』を流すのである。それとても，ベートーベンの第六か，第九交響曲の一部，あるいはC. H. H. パリの「エルサレム」（映画『火の戦車』(Chariots of Fire) の胸躍るテーマ音楽としてよく知られている）のレコードを使うほうが，はるかに感動を与える試みだとさえ言えるだろう。教会の模倣をねらった火葬場の礼拝堂にもまた同様の問題がある。式場として建物のなかにガラスをうまく使うことで，庭や花壇が見通せるほどの広さがあるにもかかわらず，厚い重量感のある壁で囲まれた建造物のなかに誘われるのは，それが人生の最後の旅路という狭い通路を象徴するとはいえ，いかにも重苦しい経験である。

地方の共同墓地にはそのようなたいせつな雰囲気がある，と私には思われる。それだけに，人びとがなぜ教会や葬儀施設の会場ではなくて，自分たちの墓地で弔いをおこなわないのか不思議である。墓地には，集まった人びとのまわりは，命には限りがあること，人は必ず死すべき存在であることを示す証しで溢れている。一方では空や雲，鳥，土と草，花などの象徴にもとり囲まれている。そして風。「風がその上を吹けば，草は消え失せ，生えていた所を知る者もなくなる」（詩編 103：16）のである。

大都会では，葬儀を教会または葬儀施設でおこない，その後，火葬場まで長くゆっくりと緊張した行進がつづくのが一般的なやり方である。そして，火葬場で，火葬の際にもう一度短いお祈りが献げられる。遺族の多くは，故人に最後の手向けを献げ，お別れをするには，これが相応しい方法であると感じるようになっている。（皆がそうするので，そのように納得してしまうのかもしれない。）田舎では，今でも葬儀の際の車の行列には注目すべき意義がある。それには，人びとに自分たちの死ぬべき運命とその最後の行路を思い起こさせる独特なものがあるからである。しかし，大都会では，交通と距離の問題があっ

て，荘重さと敬意を表現することはいよいよ困難であり，こうした慣例を少しでも意味のあるやり方でつづけようとすることは，ますますむずかしくなっている。

　ドラマは，つねにその中心的人びとが，その場面に最終的な意味づけを与えるものである。形式ばかりが盛大で，少しも気持ちのこもっていない長い葬式の列を見たことがある。気持ちをたいせつにするあまり，形式をほとんどないがしろにしているものもあった。そのスペクトルの最端部に，一握りの人びとが墓標のまわりに立ち，盛大な葬儀よりもはるかに高い品位と意義をその場に添えている光景との出会いがある。これとは反対に，単なる義務感から，その場に出席している人びとを見たこともある。彼らは，なぜ，自分たちがそこに居るのか，また，彼ら1人ひとりが，共有する死すべき存在であることの本質について思いを巡らすいとまもなく，とにかく，その場から早く離れたいと思っていた。

　葬儀の形式については，私は次の三つの実行の仕方を薦めたい。
1．集会を教会で催す。それは棺の側で集まってもよいし，火葬がおこなわれているあいだでもよい。また，一度公開の集会を持ち，それとは別に，内輪だけで火葬なり埋葬をおこなうこともできる。あるいは，葬儀社の采配に任せるのもよい。
2．火葬場か墓地で，一度だけ礼拝式をおこなう。
3．礼拝式または葬儀の後に，適当な形の集会を予定する。その場では，参加者は別の形で弔意を表わすことができ，また，遺族には人びととの交流やその支えによって，悲しみが癒され，新しい現実を受入れるようになるための日常的な機会が十分に与えられる。

※

　葬儀における行動には，不確かさや不安が伴うものである。誰にとっても，そこに出席することを決め，その場に居るということを受け入れるに至った決心の過程がある。遺族や近い親戚の人びとにとって相応しい行動があり，そこに参列している人すべてにも相応しい行動がある。遺族は，葬儀の司会者と細部にわたって手順を打ち合わせることになる。どこで出迎えをするか，どこに座るか，どこに立つか，いつ移動するか，式の終わりに何をするか，どこへ行

くか，何を言うかなどについて，逐一聞くとよい。実際の式の前には，言葉やイメージを思い浮かべながら頭のなかでリハーサルをおこなうことである。同様に，式の司会者も，前もって遺族の1人ひとりと式の進行，関連事項の細部，さらに，遺族が何を言い，どのように行動するかなどについて，詳しく打ち合わせ，細心の注意をはらって処理しなければならない。

そして，式場を花で一杯にしよう。新聞の死亡通知欄に「献花はご辞退致します」の記事があるが，これは誤った考え方である。反対に，この通知は「たくさんの花をお贈りくださいますようお願い致します」でなければならない。ただし，花輪は贈らないことである。火葬場や墓地に手押し車で運び込まれ，数分間だけ飾られたかと思うと，清掃車に放り込まれて捨てられるか，そのまま野ざらしにされ，色褪せ，萎んでゆくだけだからである。そうではなく，さまざまな色合いと豊かな香りを放つたくさんの盛り花，花束やブーケを贈ることである。花々は，私たちに偉大で神秘に満ちた創造の力，自然とつねに巡りくる四季を思い起こさせる。花々は，悲しみに心が沈むときにも，すばらしい色に彩られるときがあるという記憶すべき教訓を伝えてくれる。だから参列者がそれぞれ一束ずつの花を持ち帰ることができるように，たくさんの花を贈ろう。その行為には，故人を記念して，私たちが生命の確信の印を持ち帰るというたいせつな意味もあるのである。

※

実際に語られた言葉は，記憶に残らないかもしれないが，それがどのように語られたかはたいせつなことである。悲しんでいる人に共感し，その人を支えようとする気持ちのある人は，はっきりとした飾り気のない文言で，それを言い表わすことができる。長い言葉で，悲しんでいる人に負担を与えてはならない。あなたがその場に居ることがまず確かな支えである。握手しなさい。また，そうすることが適切であれば，その人を優しく抱きしめて，簡単な言葉を述べるとよい。

「今日，ここであなたに会えてよかったと思います。」
「どうしていらっしゃるかと思っていました。」
「彼女は，私の人生に大きな影響を与えてくれました。」
「とてもすばらしい方でした。」

「私たちは，すばらしい友人でした。」
「彼女の人生の一時を分かち合えたことを誇りに思っています。」
　一方，慰めを受ける人は，ほとんど何も言う必要はない。「ありがとう。」……「悲しいけれど，あなたが来てくださってすこし元気がでてきました。」……「来てくださってありがとう。」……「彼女と仲良くしてくださってありがとう。」このような言葉には，どれも現実肯定の重要な意味が含まれている。

※

　葬儀を取り仕切る人がこのような肯定的な意味合いを伝える言葉は，普通次の三つのカテゴリーに分類できる。
　まず第一は，一般的な見方を表わす言葉であろう。たとえば次のようなものがある。
　「誰か身近な人が亡くなったとき，私たちはまずその人たちに何が起こったのか心配します。そして，彼らの死が自分たちにいろいろな形で影響を与えることについて考えます。死は，それ自体が切り離された，孤立した出来事ではありません。死の前には，もちろん生がありました。そして，その生は特別で独特な特徴をたくさん持っています。臨終や死によって，私たちは誰もが，生と死の独特な逆説に向き合うことになります。つまり，私たちは，みんなこの進行している過程の一部であるということ，そして，私たちみんなが生きてそして死んでいくことで，生命の流れは継続するということです。私たちは，一時，それぞれが生の過程を分かち合い，やがてそこから去り，そして他の人びとがそれにつづくのです。」
　「信仰に篤い人は，何世紀にもわたる男女の信仰者たちの闘いから力と勇気を与えられます。その人たちは，生と死の意味についての探究のなかで，後の世代に，そして私たちに伝えなければならないものを見いだしたのです。彼らの神は，すべての生命の神であり，その源，その力，その究極をなすものであると信じたのです。彼らはさまざまな方法で神に近づくにつれて，生きてそして死ぬ勇気と力を見いだしたのです。彼らは，たとえ苦難に会い，その命は尽きても，神はつねに彼らとともに在り，彼らはつねに神とともに在ることを知ったのです。これこそが，神が創造したもうたすべてのものにたいする神の愛であり，関心事であったことを知ったのです。」

「自分は永遠の父に特別に近い存在である，と主張したイエスの言葉を，私たちは知っています。イエスは，私たちに安心を与えてくれました。父なる神は，1人ひとりの人間の生と死の有限性を超越していること……そして，私たちは生きているときも，終わりのときも，神と生命と創造の一体性の一部であるという基本的な考え方の再確認を，イエスは私たちに与えてくれました。」

                        ❖

　第二には，聖書の朗読であろう。このような場合に相応しい朗読文が，祈禱書には数多く記載されている。私自身の好みの箇所は以下のようなものであるが，実際には，ときに応じてこの中から一つまたは二つを選んで使うのがよいであろう。

申命記 34：1-6	モーセは約束の地を見渡す。モーセ自身は，生きながらえて，その地へ足を踏み入れることはできなかったが，それは苦難に値するものであった。
ルツ記 1：15-19	ルツは再びナオミに言った。「私はあなたの行かれる所に行きます。」
ヨブ記 12：10-16	すべての命あるものの霊も御手の内にあるとヨブは答える。
ヨブ記 22：21-26	神と和解するようにヨブの友はヨブに言う。
ヨブ記 28：12-15；20-28	知恵は何処に見出されのかとヨブは考える。
詩篇 23；27：1-6, 40：42-43, 46, 62, 67, 90, 103, 107：1-15, 121	
伝道の書 3：1：11	人生にはさまざまなときがあることに思いをめぐらす。
イザヤ書 40：1-11	慰めと希望についてのすばらしい記述。
イザヤ書 40：21-31	神について，そして神の与えたまう力の強さについての確信。
ダニエル書 12：5-12	ときの終わりについての再確証。
ハバクク書 3：15-19	何事があろうとも信仰が勝る。
マタイによる福音書 5：1-16	八福の教え。
ヨハネによる福音書 6：14-21	嵐を鎮めたイエスの象徴的行動。
ヨハネによる福音書 10：7-14	豊かな命のための基本的な世話と気遣いについてイエスが語る。

12章 最後の儀式　173

ヨハネによる福音書 14：1-7	信頼と勇気についてイエスが語る。
ヨハネによる福音書 20：13-17	イエスはマリアに，自分にすがりつくのは止めて，新しい命についての言葉を広めるように諭す。
ローマの信徒への手紙 5：1-5	神の愛は私たちの存在のすべてにわたって降り注ぐ。
ローマの信徒への手紙 8：18-39	被造物すべては呻き続けている。何物も神の愛から私たちを引き離すことはできない。
コリントの信徒への手紙一 2：6-12	神を愛するすべての者のために神が用意されたもうたもの。
コリントの信徒への手紙二 4：7-18	私たちの内なるものは，日々新たにされている。
エフェソの信徒への手紙 2：13-22	以前は遠く離れていたが，今やキリストによって近い者となった。
コロサイの信徒への手紙 1：9-20	神により，あなたが強められますように。
コロサイの信徒への手紙 2：6-8	キリストに根を下ろして造り上げられるように。
コロサイの信徒への手紙 3：12-16	キリストの平和が，あなたがたの心を支配するようにしなさい。
ヘブライ人への手紙 12：1-2	私たちの参加すべき競走を忍耐強く走り抜こう。
ペテロの手紙一 1：3-7	大いなる確信。
ヨハネの黙示録 21：1-5	再び保証を与えられる幻。

※

三番目のカテゴリーには，その他の読み物が含まれる。すなわち，詩，真実であることの確言，関連する物語などである。次に挙げるもののなかから，すぐれた朗読文が抜粋できると思う。

K. ジブラン『予言者』（*The Prophet*）
R. タゴール『詩・戯曲集』（*Collected Poems and Plays*）
N. カザンザキス『グレコへの報告』（*Report to Greco*）
J. クリシュナマーティ『最初で最後の自由』（*The First and Last Freedom*）
M. パイツアー『詩選集1963-1983』（*Selected Poems*）
P. ティリッヒ『存在への勇気』（*The Courage to Be*）

儀式のあり方は，私たちが宣言しなければならない確信について，多くのことを物語っている。私は，数多くの葬儀に立ち会った。そのうちのかなりのものは，明らかに，死，悲しみ，沈鬱，空虚，哀悼を表わす儀式を強調している。その他の大部分は，誰もが気づくような儀式らしい儀式さえおこなっていない。儀式を司会する人の姿勢，動作，言葉づかいから，その人の不安，気に入られたいという願い，必要なことをして，早く終わりにしたいという気持ちなどがうかがわれる。人びとの存在感もうすく，改まった挨拶さえもないこともある。

葬儀というものは，人びとにとって生涯の重要なときを画するものである。それは，舞台の上でのドラマではない。現実のドラマである。たしかに出席している人の多くがしばしば偽善的であったり，二枚舌を使うと非難されることもあるが，これとても人間関係のドラマであり，生きて，そして死に臨む人間のひとときの真実のドラマの一コマなのである。儀式とは，人びと，そして，その離合集散をとりこんだものである。それによって，過去を現在に結びつける。そこには音楽があり，言葉があり，雰囲気がある。それらはいずれも人間共同体についてたいせつな何かを，それぞれの人の心を落ち着かせ，力づける何かを印象的に表現するものである。

亡くなった人

多くの人が葬儀に集まる。葬儀は注目に値する社交的行事だからである。その後何週間にもわたって，それは人びとの話の種となるのである。しかし，本来の焦点は，亡くなったその人でなければならない。

その死は，衝撃的で，悲劇的なものであったかもしれない。それは，十分に予測され，よろこんで迎えられたものであったかもしれない。その注目の人は，幼い子どもであるかもしれないし，若い女性，若い父親，早く死にたいと言っていた私の伯母のような年配の女性かもしれない。その人の人生は，まだ方向が定まらない状態であったかもしれない。中年の絶頂期か全盛期であったかもしれない。その人は，ある分野の仕事で業績をあげた人であることもあろうし，いくつかのグループにとって，かけがいのないたいせつな人物であることもあ

る。あるいは，一見無意味な人生を過ごした人であったかもしれない。退屈で，特色のない人で，また，取り立てて何もしなかった人だったので，簡単な評言すら誇張的に聞こえるような場合もあろう。

　著名な人，平凡な人，年老いた人，幼い人，いずれであっても，彼らはみんな命という贈り物を与えられていた。誰もが，この恵みに心を動かされる。私たちはしばし佇み，命を与え，またそこへもどる命を受け入れてくれる大いなる神の神秘と慈愛について思いを巡らす。そして，それらすべてが神の恩寵のはたらきとその経過の一部であるという思いに至るとき，敵意や要求は消え，権利や特権の請求や，次の目的に向かう努力のすべてが一瞬停止する。誰しも，生まれることを要求したり，出生を取り引きしたりすることはできない。誰も，自分は生まれるに値すると事前に知っていたと言うことはできない。しかし，それは起こったのである。命が与えられたのである。それは神の恩寵である。そういうわけで，亡くなった人について語るとき，私たちはこの恩寵について語ることになる。

　さらに踏み込んで語ることもできる。私たちの持っている値打ちにも関係なく，命を受け入れ，それを十分に生かす能力にも関係なく，命は生まれて消えるものである。中には，命を存分に生かしきる人がいる。そのような人から，あまりにも早く命が奪われるように見えることがある。そうかと思うと，長い人生を何もせずに過ごしてしまう人もいる。このような場合，命は本来の姿ではなく，その真価は認められていない，まちがって用いられているように見える。しかし，命の長短にかかわらず，「命はそれ自身を受け入れる」というのが，神の恩寵である。私たちがある面で，またはさまざまな面でそれを受け入れることがたとえできなくても，私たちは受け入れられているのである。

　亡くなった人に弔意を表わすにあたって，私たちはこれが彼らの姿であったと語る。つまり，命を分かち合い，そして神の恩寵にあずかったユニークな存在であったことについて語る。そこここに，時には何かめずらしい形で，神の恵みが亡くなった人のなかに輝いているのを感じ，その素晴らしい栄光に私たちは心を打たれる。しかし，神の恵みのみしるしがほとんど認められないような場合もある。それでも，命が与えられたということに，そこにも恵みが存在したことを私たちは知るのである。このことをこそ，私たちは確信し，祝福す

るのである。

遺された人びと

　遺された者の道は平坦ではない。あらがう気持ちと安堵感，紛れもない苦痛と混乱した矛盾をずっしりと背負って歩く道である。その道を当然の成り行きとして受け止める人もいれば，中には，自由になり解放されたい思いを隠さなければならないと感じる人もいる。

　ある62歳の女性は，その夫の葬式の後でおこなわれたお茶の会で，次のように語った。「バーニーは行ってしまったわ。でもちっとも悲しくないの。私を薄情な女のようにお思いになるかも知れませんね。でもあの人はこうなってよかったんだと思っています。あの人にとって，生きることは厄介なことだったの。あの人は，私たち皆にとって，面倒な存在になってしまっていたの。いいえ，正直に言わなくっちゃ。今日感じているような気持ちになりたいと，ずっと思っていたの。」

　また，一方では，27歳の男性は，ハネムーンの2日目の日に新妻を失い，すっかり打ちのめされてしまった。自分自身が悲嘆に暮れていたばかりではない。亡くなった妻にたいするやる瀬ない哀惜の思いから抜けられないでいた。「彼女には，たくさんの可能性があった。もう彼女は全部を無くしてしまった。すばらしい人だった。今まで彼女が側にいなくても，ぼくの心はいつも彼女の優しさと穏やかさをいっぱいに感じていた。でも，彼女はもう二度と帰ってこない。まるで"低速"の人工サポーターをつけているかのように，やっと生きている人がたくさんいるとぼくたちはよく言います。しかし彼女はまったくその反対だった。生命力と喜びに溢れていた。もう——何もない。ぼくはそれに耐えられないのです。」

　遺された人びとは，一つの絆が切れてしまったと感じている。かつては，自分の身近にあったものが，たとえ自分の所有するものではなかったとしても，自分の生活空間の一部であったものが，もはや手の届かない所へ持っていかれた。支配することも，互いに影響し合うこともできなくなってしまったと感じている。こうして，期待あるいは失望や，愛着ともつれ合いの回路が，突如と

して途絶されてしまうのである。このとき遺された人びとは，同時に二つの反応を示すことができる。一つは自分自身にたいする反応であり，もう一つは故人にたいする反応である。つまり，自身が感じる苦しみまたは安堵の反応と，亡くなった人の苦しみまたは安堵の反応である。遺された人は，生き残った人である。だから両方の感情の主人である。しばしばその感情を亡くなった人の所為にする。しかし，その両方の感情は，彼ら自身のなかにあるものなのである。中には自分の心を解放することをむずかしいと感じる人もいる。それは，故人とのつながりを保とうとして，抵抗という心のからくりが，彼らをそこに止めておこうとしているからである。一方，自分の気持ちをどう扱ってよいのかわからなくて，不安になる人もいる。このような不安や，不安と入り混じった失望と怒り，無力感と絶望感，あるいは解放感と自由，復讐心と決意などの感情を反映する発言や行動について，私たちは実に広範囲にわたる実例を知っている。

※

　ここまでの章で述べてきたことで明らかなように，その死の状況がどのようなものであれ，遺された人びとは，その生活のさまざまな領域で，すなわち，感情，考え方，内面の生活，行動やライフスタイルのような領域で，多くの変化を経験する。彼らは，自分たちの心を捕らえたこの死という出来事のもつ意味を理解しようと努める。そして，その後の生活のなかで，この出来事の意味を具体化する努力を思案するのである。

　先に述べた，新婚旅行で妻を亡くした27歳の男性は，妻の死という出来事をくり返し考えた後で，こう言っている。「結局，あれは訳の分からない運命のめぐり合わせのようなものだったと考えています。それ自体にはまったく何の意味もなくて，それは胸の痛む無駄な喪失だったのです。でも，いったんそのように考えてしまえば，そして，それが現実であることが分かった以上，自分はもう一度歩きはじめなければならないと思ったのです。」

　彼の二度目の結婚は，6年後に離婚という形で終わった。三度目の今は，12年目であるが，安定していて満足すべき状態である。

　葬儀は，遺された人が，死の現実を認め，生と死に意味づけをしなければならないこと，自分の人生を新たに立て直す必要があること，その行程はすでに

はじまっていることなどを認識する過程の一端となり得るのである。

　葬儀というものは，つねに人びとを集める機会であった。私たちは，この一堂に集まることの潜在的な価値をしばしば見落とすことがある。遺族は多くの人が葬儀に出席してくれたということを知るだけで，大いに慰められるものである。しかし，列席している人びとは，当然のことながら，自分たちの役割についてはよく分かっていない。葬儀について心配し，その死によって，もっとも打撃を受けている人びとの気持ちを気づかうだけである。彼らは，小さなグループに固ったり，そそくさと帰ってしまいがちである。

　比較的最近になって，ようやく私たちは，かなり以前から経験的にも直観的にも分かっていたことを，声に出して言うようになった。つまり，有能な支援グループやネットワークがまわりにあれば，私たちは，より効果的にストレスに立ち向かうことができること，私たちが受ける支援が功を奏していることに気づけば，私たちの行動はさらに適応的になるということである。支援グループは，人びとに次のものを与えることができる。

- 帰属の絆，アイデンティティ，信頼と世話。
- 共にかかわっているという意識，動機づけと希望。
- 自信の感覚。精神の高揚と目的意識。
- 異なった角度からの物の見方，状況や利用できる手段や目標の設定やその到達の過程などについての別の評価。
- 食料からガイダンスにおよぶ，また知識や技術を含むさまざまな援助手段の提供。(Macnab, 1985, p. 343-4を参照)

※

　葬儀は，その形と内容の両面で，この支援するという意義に焦点を合わせることができる。ある場合には，この支援が十分に受け入れられ，実際に適切な形で具体化するように促すこともできるであろう。

　喪失と死は，さまざまな形で，心の奥深くに潜入し，人のもっている自己価値感，アイデンティティ，自信，自己効力感などを損なう。このために，亡くなった人にたいしておおっぴらに，また物質面で頼っている人，情緒的に，幻想的に深く愛着を抱いている人は，不安定な状態に陥ってしまうことがある。

　「私はもうぼろぼろです。」

「私はもう駄目です。」

「もう,どうしてよいのか分からない。」

「私はもう脱け殻です。誰もかまってくれない。」

ウォルター・ボニム（Bonime, 1981）は次のように書いている。
> 心身の機能が無力であるという経験は,人をぞっとさせる出来事です。なぜなら,私を私たらしめているものが機能しないということを,主観的に知覚することに他ならないからです。(p. 89)

葬儀によって,人びとは他人をだいじにするコミュニティのなかに自分たちの自治能力と相互依存の関係を再確認することができる。葬儀という機会によって,人びとは自分自身の権利と地位で,自分が何者であるかの感覚を思い起こす。悲しい出来事,喪失,揺れ動く不安のさ中にあっても,自己の価値と本来の姿が支持される。強い自己意識をもっている人のほうが,ばらばらの自己意識や自尊心の低い人よりも,ストレスに立ち向かうことができるようである。自分の価値を肯定的に認めることによって,私たちは自己主張し,自ら行動し,自分の能力を高めることができるようになるからである。

肯定的自己価値感は,存在にまつわる不安を超越することには役立たないかもしれない。だが,たしかにそれは,不確かさや不安をしなやかに耐え,切り抜けようとするとき,それを支える大きな力になる。これはけっして人間が本来孤立した存在であるとか,そうなり得ると言っているのではない。ただ,自分は,孤立という言葉では言い尽くせないほど四面楚歌の状態にあると感じるときもあると言っているのである。なぜなら,彼らは事実,運命に狙い撃ちされているからである。そこで,自分だけの世界に引きこもりたい,その境界線に高い囲いを張り巡らしたいという要求が,ひじょうに強くなることがあるのである。

遺された人びとが,周囲の人びとと直接の接触を持つことの意味を再発見するように,たえず勇気づけられることは大切である。それによって,大きな苦痛を伴うけれども生きてゆくのに必要であると思われがちな例の抵抗やその他の心のからくりから解放されることが可能になるからである。

葬儀は,遺された人びとの個性やその生き方にたいする敬意を表わすための明確で流動性のある象徴になり得る。それと同時に,神の存在の一部となろう

とする人びとの動き，今まで越えられないでいる境界を渡ろうとする動き，生命の網の一体性の発見に向かう動き，「物体の世界と，超越的世界との間の」(Deikman, 1982) 懸け橋になろうとする動きを象徴するものである。

課題の再確認

ヴィクトール・フランクルは，次のように書いている (Frankl, 1963)。

> 生きるということは，とどのつまり，人生の諸問題にたいする正しい答えを見つけ，各個人に人生が呈示しつづける課題を全うする責任を負うことである。(p. 122)

結論として，葬儀は，人びとに次の課題を示す必要がある。すなわち，反応する，取り組む，生きる，存在するという四点である。

私たちは皆，反応する。それはときに機械的であったり，衝動的であったり，落ち着いていたり，混乱していたりする。いつの間にか，長い時間にわたって不満の状態に陥っているかもしれない。あるいは，死とそれにまつわる感情を締め出してしまって，部屋の模様替えをし，まるで重大なことなど何も起こらなかったかのように生活しつづけるかもしれない。問題は，「どう反応したらよいのであろうか？　こんなことが起きてしまった以上，どうしたらよいのだろうか？」と問いかけることである。

ハロルド・クシュナーの著作のなかに，次のような印象的な記述がある (Kushner, 1982)。

> 善良な人びとになぜ悪いことが起こるのかという質問にたいして，答えはあるのだろうか？　それは，「答え」という言葉が，何を意味するかによると思われる。もし「そのすべてについて納得のできる説明があるのだろうか？」という質問であれば——たとえば，この世に，なぜ癌があるのか？　なぜ私の父親が癌に罹ったのだろうか？　なぜ飛行機が墜落したのか？　なぜ私たちの子どもが死んでしまったのか？——おそらく満足のいくような答えなどはないであろう。……
> しかし，「答え」という言葉には，「説明」だけではなく，「反応」という意味がある。そのように考えれば，私たちの人生に起こる悲劇にたいして満足のいく答えがあるかもしれない。それは，聖書のマクリシュ版にあるヨブの反応のようなものである。すなわち，完全ではない世界をそのままの形で許すこと，もっと

12章　最後の儀式　*181*

　　よい世界を造らなかった神を許すこと，自分の周囲の人びとに手を差し伸べること，そして，これらのことすべてを乗り越えて生きつづけることである。
　　結局，善良な人びとになぜ悪いことが起こるのかという問いかけは，まったく異なった形の問いかけに変わることになる。つまり，なぜことが起こったのかではなく，起こってしまった以上，どう反応するのか，自分は何をするつもりなのかを問いかけることである。(pp. 153 - 154)

　第二の課題は，喪失と悲嘆の経験にかならず伴う当面のストレスや多くの困難な仕事に取り組むことである。これまで，私たちは，喪失と悲嘆に際しての典型的な取り組み方として，拡散した幅広い範囲のものを認めてきた。「その出来事のもつ意味や，それにどう反応するだろうかの問題に加えて，私は何に取り組まなければならないだろうか？　取り組むための能力や手段を，自分は持っているだろうか？」などと問うことができる。その時，私たちは，自尊心と自己効力感を維持しながら，また支援グループの活発な働きに支えられながら，取り組む方法を身につけることによって，対処する能力を高めることができることに気づく。

　第三の課題は，1人ひとりのアイデンティティ，帰属，理想に関して充実した人生を生きることである。私たちは，頼るべき人を，答えを教えてくれる先生を，啓発に導いてくれる指導者を熱狂的に求める。しかしすぐに彼らも自分たちもみんながその発見の道の途上にあることに気づく。私たちの文化は，今もなお英知の，永遠の恵みの段階には到達していない。私たちは，「鏡におぼろに映ったものだけを見」(聖パウロ，コリントの信徒への手紙一　13：12) つづけている。しかし，私たちは誰もがその発見の過程に参加しているのである。私たちは1人ひとりでありながら，全体にかかわっている。そのような存在である。

　　人びとは彼らが存在しうる状態で存在し，彼らだけしかできないことをすることを許されている。……ハシッドの挿話では，「ラビ・ズスヤは，死の前に言った。来世では，あなたはなぜモーゼではなかったのか，とは尋ねられないであろう。なぜあなたはズスヤではなかったのか，と尋ねられるであろう。」(Deikman, 1982, p. 177)

　第四の課題は，充実した存在であることを再確認することである。したがって，不安や抵抗があっても，十分に生きることである。ポール・ティリッヒは，

次のように書いている（Tillich, 1952）。

> ……存在する勇気……一部分として存在する勇気と，自分自身として存在する勇気を合わせ持ち，それらを超越する。この勇気があれば，参加することによって生じる自己の喪失感や，個別化によって生じる周りの世界の喪失感から免れることができる。有神論でいう神を越えるところに存在する神を受け入れることによって，私たちは一部分でありながら，全体の土台であるものの一部になるのである。(p. 178)

有神論でいわれている神は，神とは何か，神との出会いとはどのようなものであるかを概念化し，説明しようとする試みから生まれたものである。

ティリッヒによれば，「存在するための勇気の究極の源は，〝神を越えた神〟である」(p. 176)。したがって「疑いの不安のなかで神が消えてしまった」(p. 180) そのときに，立ち現われる神から与えられるこの勇気を身につけること，また，私たちの究極の関心事の価値と信仰を再確認して，不安，あいまいさ，悲劇に直面して，人間1人ひとりが，そして人間社会が共にめざす新しい存在のための苦闘を再確認すること，これらが，私たちに与えられた第四の課題である。

オーデン（W. H. Auden）は，『60歳のプロローグ』で次のように書いている。

> 生まれてから，死へと定められた時の流れのなかを，
> 肉体は衰えていく，
> 生も死も，自分の意思の及ばないままに。
> しかしながら，霊魂は逆へ向かう，
> 自由に選んだ信仰のなかで，死の時から，
> 復活と再生に向ってよみがえっていく。

13章　愛情の絆と愛のあり方

　　　私たちは，愛することで救われる。失うことで滅びることはない。

　　　　　（ジョージ・ヴェイラント）

　　　私があなたにさしあげればさしあげるほど，私の愛は深まるばかり，
　　　なぜって，どちらも限りがないのですもの。

　　　（ジュリエット：シェークスピア『ロミオとジュリエット』）

　　　　　喜びを身を伏して乞う人は，
　　　　　大空をかける気高い人生を打ち壊してしまう。
　　　　　されど走り去る喜びに別れの口づけする人は，
　　　　　永遠の曙光の中に生きる。

　　　　　　　（ウイリアム・ブレイク）

　愛には実にたくさんの意味がある。それぞれの関係によってそれは変化し，また，同じ関係においても，時に応じて異なった意味をもつ。愛し合う2人が，自分たちの愛情がどのようなものであるか，愛し合うには何が必要であるかなど，実際に口に出して話し合わないような場合には，状況はさらに複雑になる。それは，自分が欲していると思っている愛をどう求めたらよいのか，その方法を知らなかったからなのかもしれない。また強い愛着を抱いていたとしても，そこにあるべきだと信じている愛とは異なったものを求めているからなのかもしれない。一方は安定，温もり，支えと保護を求め，他方は権力，興奮，自己を高揚させる満足感などの追求に夢中になっている場合もあるであろう。

　クレメンとクレメン（Kremen and Kremen, 1971）は，「愛」という言葉のもつ不明瞭さについて，次のように言及している。

　　あなたは自分のお祖母さんを愛し，飼い犬を愛し，20年来連れ添った妻を愛し，

> そのうえ，愛人と「愛し合う」ということをすべて同じ日にやってのけることができる。……ロマンティックな恋の恍惚感は，絶望と隣り合わせである。それは安全を求める要求に根ざした安定した関係や，情熱的な理想化とは異なる力で結ばれた落ち着いた関係などとは両立しない。この事実を受け入れることは，私たちにとってなかなか辛いことである。(p. 139)

　夫婦が別れることを決意するとき，彼らはかつての愛情は失われてしまったと言う。しかし，依然として相手に強い愛着を抱いており，相手の存在や態度，振舞いに敏感に動揺することがある。他方では，何の愛着も感じないし，絆も切れたと言っているが，実際には，相手をまだ心にかけていたり，愛しているという場合もある。怒り，敵意，絶望のような感情があるにもかかわらず，愛情と愛着はつづくこともある。あるいは，そのような否定的な感情自体が，愛情はむしばまれ，絆が切れつつあることを物語っているのかもしれない。

　絆を形成する過程で，人は，相手に心を引きつけられる。そして興味の一致を確認したり，それを共有したりする。自己を赤裸々にさらけ出し，共通の目的に向かってかかわり合いを深める。お互いの関係のなかに興味，要求，人生観，希望，野心などを織りこんでいく。相手を理想化し，象徴的に，また，実際に互いに接近し，共有し合い，相手によって補なわれ，高められると感じる。しかし一方が相手の欠点に気づくとき，期待が実現されなかったり，修正を余儀なくされたとき，今起こっていることやこれから起こるかもしれないことに関して，不連続や混乱を経験するとき，この絆に緊張が漲る。愛が問われ，絆は脅かされることになる。

　象徴的な引きこもりか，現実に引きこもりが起こる。いさかいが始まり，不安，不賛成，怒り，恨みなどの感情が露骨になる。絆が切れると，相手の理想化，投射や接近の動き，相補性，達成の感覚などが失われる。しかし，当事者たちが，もはや愛し合っていないと気づき，あるいは愛情を行動で示さなくなっていても，絆は依然として残り，2人は愛着の感情をもちつづけ，それをうかがわせる愛着行動を示す場合もある。もちろんこの事実に，私たちは気づいている。一方，愛情の絆をすでに切っているにもかかわらず，「ぼくたちは，これからもお互いを大事にしていきます。……ぼくは彼女のことを心にかけています。……もう愛し合っていないけれど，やさしい気持ちはもっています」

などと言う人もいる。別離の後も，怒りや恨みの感情があるにもかかわらず，愛情や愛着はそのままつづくこともある。また，相手を失ったという現実を認め，次の言葉のように，生き方を立て直したことを感じさせる人びともいる。「たしかに，私はあの人を愛していました。でも，いまはちがった目で彼を見ています。そして，私自身も変わりました。」

　離別の苦痛は，死別の辛さよりも耐えがたいと言う人もいる。このような喪失による心の痛手は，さまざまな形で現われる。そのなかには，明らかに矛盾した紛らわしい行動もある。同一人であっても，打ちひしがれているときもあれば，高揚した気分になるときもある。途方もなく大きな重荷や圧迫感を感じるときもあれば，自由と解放感に浸るときもある。パニックに陥ったり，警戒心や不安感を覚えたり，浅はかな楽観主義に走るときもあろう。また，自己を理想化して，完璧を求める心に駆り立てられる人，わき立つ野心にはやり，権力を手中に収めて，人より秀でることを求める人など，栄光の追求に取りつかれる人びともいる。一方，人は喪失により，激しい苦悩と悲しみ，怒りと憎しみにおそわれる。侮辱され，傷つけられ，不当に扱われ，拒否されているという意識に悩まされることもある。しかし中には，離別の苦しみを人生の一つの現実として受け入れ，それをより意義深い人生として評価さえする人もいる。その苦痛を乗り越えた人のみが，その価値とありがたさを知ることができるからだと彼らは言う。部分的な真実に絶対的で包括的な地位を与えているのである。ときには，中途半端で，ずるずる先に延ばす，あるいは否認するなどの生活の姿勢が目立つ人もいる。彼は，決断することを避け，危険をうまく交わしているのである。または，何もせずに傍観者の立場をとりつづけ，現実に逆らい，まやかしの安全や満足感に甘んじようとしているからである。

　愛がむしばまれ，絆や愛着が絶ち切られたとき，それに立ち向かおうとして，私たちはこのような不安と困難を経験する。しかしこのことに驚いてはならない。人生のさまざまな時点で愛が演じる役割について，たとえば人生を高めたり，堕落させたり，苦悩を与えることについて，私たちはすこしも幻想を抱いてもいない。しかし，幼いときから，私たちの愛に関する経験や行動の大部分は，場当たり的な色彩が強い。私たちは，一度として愛し方を教えられたことはない。それは，自然の成り行きに任せるもの，あるいは，成長する過程で身

につけていくものと考えられてきた。また，結婚した2人の心に愛が急速に深まり，2人は愛情生活にのめりこんでいくが，一度，愛情が冷めると，ほとんど，あるいはまったく，愛し方を工夫しようとしない。これはけっして珍しいことではない。その関係は，またたく間に要求と批判の応酬に転じ，脅かしと罵り合いの関係に変わる。世話や心満たされることもなくなり，2人の間柄を維持する行為にお互い参加することも少なくなる。

　私たちが最初に愛し，愛着を感じるのは両親である。多くの親は，子どもにどのように愛情を伝え，また，子どもの心のなかに愛を育てるかについて，いろいろと心を砕いている。しかし，ある程度，その親自身が自分の親をはじめ，今までの人生でたいせつだった人びとから受けた愛の結果であり，また，破綻した愛の結果でもあるのである。その上，親たちは，彼ら自身の愛を持続させることに汲々としていたり，怒り，恨み，憎しみの感情が頭をもたげるのを押さえこもうと苦慮していることもよくあることである。この場合，子どもたちが混乱に巻きこまれることは避けられない。

＊

　ある夏，私は海辺のアパートに滞在していた。車道で隔てられていた隣のアパートには夫婦と2人の子ども（3歳と5歳）が住んでいた。毎朝，6時半になると，きまって小さい方の子どもが大声で泣きだすのである。その泣き声は9時頃までつづき，その頃になると，もう私は泣き声から逃げたい思いにかられた。夕方4時か6時頃に部屋にもどると，その子どもは1日中泣きつづけていた様子だったが，そのときはもうむせび泣きに変わっていた。それは，夜の9時か10時までつづくこともあった。そして泣き声の合間に，ベルトで叩く規則的な音とぶつぶつ文句を言ったり，脅かしたりする母親の鼻にかかった哀れな声が漏れてきた。「よその人がこの子の面倒を見ることになったときには，ちゃんと行儀を知っていなくちゃいけないんだから」という母親の言葉が聞きとれた。驚いたことに，この行為は2，3週間もつづいた。

　これが3歳の子どもが知覚した世界であった。そして，これがそれにたいするこの子の反応であった。たとえ，彼が親の愛をいっぱいに受けていたとしても，彼自身はそれを好んでいないことを，私は感じとった。それにもかかわらず，打たれた後で母親と一緒に買い物に行く彼の姿を私は見た。まるで連行さ

れる捕虜のように，母親にしがみついていた。彼は自分のいる世界が好きではないように，私には思われた。彼には心を慰めるものなどほとんどない。この世界や人びとが自分を愛してくれているということを知る手がかりは，何一つ与えられていないのである。何事かが介入しないかぎり，こういう子どもは，やがてけんか腰で疑い深く，いつも怒りっぽく，人を信じない大人になるのではないかと，私はひそかに思うだけであった。しかし，時には人間の心のからくりが助けの手をさしのべることがある。抑圧がはたらくのである。それがこの子どもがこの恐ろしい不安に立ち向かうのを助け，功を奏するのである。だから，愛情が与えられたり，与えられなかったりというこの種の幼い頃の体験は，大人になる過程でその人に影響を与えつづけるが，それら体験そのものの記憶は，もはや思い出されることはないのである。

　子どもが絶え間のないかなりのフラストレーションや激怒した状況にあるとき，当の子ども自身や他人に向かって，母親がわが子を愛していると言うのを聞くことは，子どもにとって精神的葛藤はますます激しいものになる。私は，この母親の急変する大声を聞きながら，彼女がわが子を本当に愛していると口にすることはあり得ることだと思った。しかし，やがて彼女がどれほど子どもたちを憎んでいたか，母親としての日々の経験をどれほど深く不快に感じていたかが，しだいに明らかになった。しかし，ここで再び人間の心のメカニズムがはたらき，防衛の役割を演じる。そして将来のある日，これら過ぎ去った日々の出来事はすべて忘れ去られる。当の母親は，自分がいかに子育ての日々を楽しんだかを，とくとくと語ることがある。彼女が他の人のためにカウンセリングをしていることさえありうることである。

　私たちの愛の経験は，幼い頃の両親や家族との社会的環境のなかではじまる。両親の愛の行為は，主に彼らの欲求，価値観，周囲の事情などに集中する場合が多い。幼児期の愛された体験や愛されない体験は，私たちの自律，依存，信頼，かかわり合い，責任に関して，さまざまな不安と葛藤の原因となることがある。私たちは多くの自己やにせの自己を作り上げていく。しばしばどれが本当の自己で，どれが偽りの自己であるかを区別するのがむずかしくなるほどである。

　私たちは，自分の愛情行動の基礎にするモデルを捜し求める。両親が最初の

モデルである。自分のお手本としたいような，自分自身も他の人も豊かにし，高めてくれるような愛情とその行動のモデルである。その彼らが，時には私たちがなりたくないもののモデルとなる。この場合，私たちは彼らのようには絶対にならないと心に誓う。しかし，時どき，微妙な無意識的な矛盾の罠に陥ってしまっていることに気づくことがある。それは拒否したはずのお手本を見ならっている自分を発見するからである。その他，愛のモデルは，私たちが出会う人びと，たいせつな人物，読んだ物語のなかの登場人物，信仰する宗教上の人物などに求められる。また，破滅的モデル，迫害するような，拘束するようなモデルへ傾倒することもある。それらから解放されることを助けるために，カウンセリングや心理療法が必要であることが指摘されている。また新しい，より確かな愛し方を発達させて，自律と自己受容の感覚を高めていくために，カウンセリングが役に立つと考える人もいる。共生関係を求めるタイプの愛情行動から，エロス，ルダス，ストルゲ，マニア，プラグマ，アガペという多様な愛情へと進み，よりいっそう成熟した意識と経験へと移行してゆくとき，そこには，実質的な成長があるのである。

　エロスとは，魅惑の愛，肉体的，性的な激しい情熱と魅力の愛を指す。ルダスは，深いかかわりあいをもたず，特定のコミットメントをしないで，親しい愛情に満ちた関係を楽しむ。ストルゲは，ゆっくりと徐々に発展するタイプの愛である。マニアは，自信の裏打ちのない，安定した抑制や判断のきかない愛，独占欲が強く，強要的で，嫉妬深い，身を焦がす愛である。プラグマは，打算的な，理性的な愛で，損得を見きわめ，実用本位に選択する愛である。同情，慈愛，配慮の愛がアガペである。

　夫婦関係の愛のはじまりは，その多くはエロスとマニアの愛がきわだって強い。その後，ストルゲやプラグマに移行し，やがて同情，慈愛，配慮の形で愛情を表現するようになる。夫婦関係に歪みが生じたり，期待通りにことが運ばないときには，2人のうちのどちらか1人あるいは双方ともが，その愛情を他の人や，自分たちが属している特定のグループにたいする同情的な行為に切り替えることがある。

　愛は，容易には消え去らない。喪失とその苦痛を味わった後，愛は再び燃えだし，次のような選択を私たちに迫る。すなわち，孤独な苦悩のなかで過ごす

ことを選ぶか，新しい関係をつくるか，他者を気づかう行動をするか，ともかくもう一度愛への誘いを受け入れるかの選択である。しかし，愛はいったん失われてしまうと，再び見いだすことはできないと信じこんでいる人がいる。また自身でそれを確認した人びともいる。

※

　ある夫は27年間連れ添った妻を亡くした。彼にとっては彼女の死は受け入れがたいものであった。「私たちはいつも一緒だった。あのジョン・ダン（Jhon Donne）の詩を体現したような2人だった」と彼は言う。
　　人間は自分ひとりで完結しているという意味での一つの島ではない。誰もが大陸の一部分であり，全体の一部である。
　この夫は，ダンの詩の宇宙的な規模を縮小し，自分の夫婦関係に当てはめたのである。したがって，妻の死に際して，彼はこう言う。「あれが死んだとき，私のなかで何かが死んでしまった。もう誰も愛することはできないだろう。」
　自分でつくりあげたこのような予言をそのままに生き抜く人もいる。その人たちは，自分たちの周囲に壁をつくる。自分の感情を押さえこむ。かたくなに拒絶の姿勢をとり，禁欲的で仙人のような生活をする。人びととからはつねに一定の距離を保ち，控えめなかかわりあいを保証するような振る舞いや態度をとる。半死半生の人生という哀れなコースに，自分たちを乗せてしまう。なぜ哀れかといえば，自ら課した（家族や社会の支持を得ている場合もある）そのような状況は，実は敢えてそのようにする必要のないものだからである。このような誤った忠実さと運命を信じこんで生き抜いてきた人たちがいる。彼らが自分の人生にたいする責任は自分の配偶者の生死に必然的に，また，最終的にかかわるものではないということに気づいて，愕然としたという例を，私はたくさん知っている。
　だからといって，配偶者の一方が相手のために育て，持ちつづける愛の意義や，誠実さで結ばれた強い絆，相互依存と気づかい，共有した楽しみなどの意義を過小評価しているわけではない。それらは，いずれも人生の価値を高める友好的な人間関係のたいせつな要素である。しかし，ここに，もう一つの現実がある。すなわち，このような関係にない夫婦が数多く存在するという事実である。それは，うわべだけの愛，見せかけの浅薄な愛の場合もある。よりよい

機会があれば，今とは異なった関係を選んだかもしれないという思いや，現在の関係には明らかに欠けている要素のほうがもっと重要であるという思いを受け入れようとしない，あるいは認めようとしないという場合もある。なかには，愛というよりも義理で結びついている人たちもいる。また空洞化した関係を埋めるために，その空しさにたえず向かい合うことになる不安を避けるために，ひたすらある種の愛に耐えている人たちもいる。

個人間の接触を求める愛もある。この愛には，「彼」はそこに必ずいる，つまり「彼がいなかったら寂しいだろう」という予期が含まれる。また，個人間の受容と寛容のレベルも問題になる。すなわち，「私以外の人は誰もあの人には我慢できないでしょう」というものである。これにたいして，「彼女がいなければ，ぼくはやっていけない」と彼が応じる関係である。さまざまな必要なものや世話が提供される。多くの人はその世話を持続させるために，じゃまが入ることへの不安を避けるために，必要なことは何でもして，愛の真似事をつづけようとする。このような関係にある人は，たとえ幾分でも心の通い合いを経験し，それを表現し合っていた場合であっても，相手を失うと，急いでその代わりを探そうと動きだす。

✤

私たちの愛の多くは，幻想のなかに織り込まれる。今現在の関係は平凡なものかもしれない。しかしそのなかで，私たちは見つけようといつも願いつづけていた愛を，ある日手に入れるという望みと幻想を抱きつづけるのである。しかし，それが現実に起こるとはかぎらない。そこで，私たちは，その失望と実現されなかった人生に折り合いをつける方策を探さなければならない。ときには，その幻想が現実のものとなることもある。

バートランド・ラッセルは，幻想と希望が満たされ得ることを確信した1人である。彼は70歳台の後半に次のように書いている（Russell, 1967）。

> 単純でありながら，きわめて強い三つの情熱が，私の人生を支配してきた。それは，愛への熱望，知識への探究，人類の苦難にたいする耐えられない遺憾の情である。これらの情熱が，まるで気まぐれな大風のように私を翻弄し，苦悩の深い海を越えて，絶望の果てへと私を押し流した。
> 私が愛を求めたのは，まず，愛が恍惚感を与えてくれるからである。この素晴

らしい恍惚感は，その数時間の喜びを得るために，しばしば他のすべてを投げ出したこともあるほどである。次に求めた理由は，愛が孤独を癒してくれることにある。それは，私の意識が，この世のはずれから，冷たく底知れない死の淵を震えながら覗くときに味わう，あの恐ろしい孤独である。最後の理由は，愛の和合のなかに，聖者と詩人が想像した天国の予想像を，私は神秘的な縮図として見たからである。これこそが，私の求めていたものであり，人間の一生には，立派すぎるように見えるかもしれないが，これこそ私がついに見いだしたものである。

幻想の内容は，時によって異なった形で現われる。人は，誰か他の人に結びつけられていると感じることがある。それは，支えられているという幻想の絆である。これが最初に現われるのは，子どもが自分の親とのあいだにあると思っていた関係に葛藤が生じたり，それが傷つけられたと感じるときである。そのとき，その子は，その強いつながりの錯覚にしがみつく。しかし結局それは，情緒的にさらに不安になったり，傷ついたりしないように子どもを守るための防衛メカニズムの幻想である。成人してから後も，彼が親のような保護者を他人や組織，自分自身のなかに見つけようとするとき，この同じ過程がくり返されているのである。このような絆が，子ども時代にどのようにして形成されたかは別として，大人の関係のなかに見られる愛の形はとってはいるが，愛の幻想にしかすぎないようなパートナー関係が，それである。この幻想は，彼らが愛情に満ちた態度で振る舞うことを止めた後でも，しばらくそのまま継続する。彼らは，純粋な願望からというよりも，惰性や外部からの圧力を感じて，一緒に暮らしつづけるのが普通である。

ロバート・ファイヤーストーンは，次のように記している（Firestone, 1985）。

> ほとんどの人は，そうとは気づかないうちに，自分の感情に無感覚になっている。彼らは，人生の早い時期に，自分自身にたいして，つまり自分たちのほんとうの願望や欲求にたいして背を向けてしまう。そして，その代わりに，それらを殺してしまうことにしかならない自分で育てた習慣や幻想におぼれる。彼らは，自分が欲しい言っていたものを欲しがることをやめてしまうのだ。なぜなら，真の満足と達成が幻想による自己養護の過程を脅かすからである。（p. 28）

このように，私たちの愛の多くは，必ずしも認識されているとはかぎらない欲求や目的を満たしている。愛や絆は，何か他のもののための仲介パイプであ

ることもある。ある人は，その関係を自分の成功や社会的地位，アイデンティティ，安全などの重要な部分として利用しているかもしれない。その関係には，もはや愛や愛情に満ちた行動などは存在しない。このような他の目的や欲求がすべてに優先する。ときにはそれだけに取りつかれてしまう場合もある。長期間にわたって関係がつづいた場合，夫婦は長く連れ添ったことにたいして達成感に浸るかもしれない。しかし何が自分たちの関係をそのように長くつづかせたのか，まず知ることはない。それは，自分の相手がいわゆる仲介パイプ，つまり目的を達成する手段として，どれほど深くかかわっていたかを認めたくないからである。

　私たちはさまざまな愛と愛情行動にかかわることができるということを知った。愛が失われたとき，または損なわれたとき，それに関係した人びとが受ける影響がそれぞれ異なっていたとしても，それは，別に驚くことではない。1人の人についても，愛していた2人の人間を失ったとき，その苦しみは，それぞれ異なった形で現われることもあるのである。38歳のローリーの場合がそのよい例である。

❊

　ローリーは，11歳と14歳の2人の娘と，8歳の息子の父親であった。その息子が，混雑した道路で自転車から転落し，車に轢かれ死亡した。ローリーの嘆きは一様ではなかった。彼の妻は立ち直り，息子の死後の家庭を立て直すためにやるべきことをすべてこなしていった。しかし，ローリーは，何も手につかなかった。息子の名が口にされると，その場から立ち去り，新たな悲嘆の涙を堪えるのが精一杯であった。

　この息子の死から1年後に，ローリーは，71歳になる父親を失った。ある日曜日の午後，父親はベランダで読書に耽っていた。ローリーの妻が夕食のために呼びに行ったときには，すでに彼は息絶えていた。ローリー自身は，4人の姉たちの後に生まれた1人息子である。父親は，どうしても男の子が欲しくて，5度めの最後のチャンスに賭けたのであった。父子のあいだには，つねに愛情と敬慕の強い絆が存在していた。それは，長い年月と共に深まり，円熟したものになっていた。父の死に際し，ローリーは，葬儀のすべてを取り仕切り，親類や友人にたいし，誇らしげに父のことを語ることができた。それなのに，な

13章 愛情の絆と愛のあり方

ぜ自分の息子の死に際しては，まったく何も手につかなかったのだろうか。

息子を愛していたのとまったく同じくらいに父親を愛していた。しかし「何かがちがっていた」とローリーは言った。彼は次のように述懐する。「父とのあいだでは，愛情が育ち，定着する時間が十分あったのではないでしょうか。けれども，息子とのあいだでは2人とも，まだまだやり残したことが沢山あったのです。私と息子は，2人の人間同士というよりも，まだまだ父と息子のままでした。奇妙なことですが，私たちはみんな，父親がなすべきだとされていることをし，息子はやむを得ずしなければならないことをしているのです。相手を愛していることは分かっているのです。けれども，ほんとうのところ，それを正確に伝えていないのです。起こるべくして起こることを，そのまま認めるというより，むしろ私たちは，何かをしたり，要求したりすることに，いつも夢中になっています。そして，突然相手を失ったことを知ったとき，はじめて自分がまちがったことに気を取られていたことに気づくのです。そして，罪悪感と恥ずかしさを感じ，激しいフラストレーションと無力感に襲われるのです。最初のうちは，不甲斐なさに抵抗して，闘おうとするのですが，いつもそれに負けてしまうのです。」

ローリーに関しては，父親にたいする彼の愛が，全般的な関係で豊かに高められていたことが，父親との別れを可能にしていたのである。けれども，彼の息子への愛は，表面的な行動のレベルに留まっていたため，別離は考えただけで，罪悪感，恥，怒り，無力感に襲われる恐ろしい状況であった。ローリーにとって，父親との別れは，いろいろな権利を与えられる経験であった。息子との別れは，彼の将来の適応と楽しみを脅かし，死の願望や自滅的な行動をたびたびとらせることになったのである。父親との関係においては，愛情と感謝が一体となっていた。息子との関係では，愛情と結びついていたのは希望であった。希望は，つねに危険にさらされており，また損なわれやすい。それが砕かれたときの反応は実にさまざまであり，また拡散することがある。

ローリーは，まだ自分の息子にすがっていたいという思いにとらわれていた。息子の独立と個別化に幾分制限を加えていた。要するに，彼は息子自身の自己同一性についてまだ対立していた。その同一性を確立するための「外面的な活動」をしている最中であった。また，ある程度，ローリーは，自分自身の「内

なる傷ついた子ども」にすがりつくために，息子を利用していたのかもしれない。つまり，息子は，いまだにつづいているローリー自身の幻想の象徴であった。そして，そのすべてが息子の死と共に崩壊してしまったのである。ローリーは，息子が死んだとき，自分はもはや愛しているのではなくて憎んでいること，つまり，人生，死，自分自身，他人を憎んでいること，そして，轢死するような事態に自分を追い込んだ息子の一面さえも憎んでいることに気づく。父親は息子にたいして抱いていた愛を引き裂き，だんだん憎しみだけをつのらせていく。彼は嘆き悲しみ，息子を愛してはいなかった，十分に，あるいは正しく愛していなかった，と自分自身に言い聞かせる。愛ややさしさにたいして，「心を鬼にする」ことを望んだ。しかし，そのことが現実の話しになると，いつもそれに立ち向かうことができなかった。

　ローリーの心は悲嘆と自ら課した苦悩と自己嫌悪で一杯だった。自分が何を愛していたのかを思い出すことさえできないでいた。その愛がすばらしい仕事をすることを認める心のゆとりもなかった。彼は，崩壊をもたらした死別——それは確かな事実であったが——に心を奪われていた。しかし，ここで彼は，自分の愛情が息子の独立と個別化を可能にしていたという事実を見落としていた。それは実は自分と父親との関係がそうであったし，また，最終的には，彼自身も息子にたいしてとる関係でもあったのである。息子は成長し，その親から1人立ちしていかなければならない。それと同じように，親もまた成熟し，息子から子離れしなければならない。このことを，私たちは，時として見落とすことがあるのである。

　ローリーには，自分の父親との関係を，内面的に安定したものにする時間が十分にあった。しかし，息子とのあいだには，それと同じことをするだけの時間はなかったのである。内面的に関係がまだ定まっていない，あるいは，その関係が葛藤状態にある場合には，その関係を手放すことはいっそうむずかしい。同様に，自分自身の個性をしっかり確立していなかった人の場合，その人が頼っている人が亡くなったとき，自分の重要な部分も死んでしまったように感じたとしても，それは当然である。

✥

　たえず思い出や出来事を記憶によみがえらせたり，たびたび墓参をすること

13章　愛情の絆と愛のあり方

は，死別した人への深い思いの表われである。それは打ち砕かれ，失われたと感じられる自己の一部にたいする不安の表現であることもある。この場合に必要なことは，かつて存在した愛を心のなかで再評価することである。そのようにして自分自身を立て直すことができれば，その人には新たな生き方をはじめる力が湧いてくるのである。

　一方，愛やその喪失によって，あまりにも深い痛手を受けて，もう元のようには立ち直れないと主張する人もいる。もちろん，私たちは死別，離別，悲劇が人間の物語の一部であることを知ってはいる。しかし，それが現実にわが身に振りかかってきたとき，初めて受け入れ難いものであることに気づくのである。不安定な状態や心的外傷を喪失や人生の不公平さ，残酷さ，あるいは神の愛の不在などのせいにしがちである。かつて，アルバート・アインシュタインは「神様は，さいころ遊びはなさらない」と言ったが，私たちの体験をもってすれば，そんなはずはないと叫びたくなるときもある。

　心に受ける痛手の原因が，喪失あるいは愛着の絆の崩壊そのものによるものではないことがある。この場合，それ以外の要素がかかわっている可能性がある。たとえば，活力と自発性を維持する術を知らないのかもしれない。コミュニケーションに言葉の綾のつけ方を知らないのかもしれない。関係の変え方，関係を終わらせ，しかも破壊的結末を招かずに別れる方法を知らないのかもしれない。彼らは，愛による痛手に適切に対処する術を教わったことがないのかもしれない。それゆえに，傷ついていることを否定するふりをしたり，それに立ち向かうことを避けたり，それを歪めてしまうか，それとも，その痛みが，関係の別の部分や生活の他の局面にまで広がるままにしておくのであろう。

　人が受ける心の痛手の種類は，喪失が起きる前の関係をどのように認識し，経験していたかに左右される。つまり，その人の人格，それ以前の喪失の経験の切り抜け方，また，反発力，柔軟性，したたかさといった能力などにかかっている。自尊心，自己価値感，楽観主義，期待，人生観，そして，出来事をどのように解釈し，経験に統合するかなどの個人的資質も重要になってくるであろう。興味をもって聞いてくれる聴衆や興味をもっているのが明らかに認められる聴衆の存在は，その人の反応に影響を与える。それと同じように，その人が，自分の周囲には支えてくれる環境があるということにどの程度気づいてい

るか，また，別の解決策が可能であり，それを受け入れることが可能であると，どの程度考えるかが，重要なポイントになる。

❈

　本書では，人生の苦痛の時の介入について，従来のものとは異なる概念を呈示した。また，それに立ち向かうためのいくつかの戦略と手段についても述べた。これらが受け入れられ，実行に移されたとき，人びとの苦痛は和らぎ，また，苦痛にたいしてより効果的に対処できるだろう。そのために，それらは重要な役割を果たすことになろう。

　人びとは，心の痛手となるほどの心的外傷，それにたいする反応，その反応が長引いた原因などすべてを他人のせいにする。感情の高ぶりや傷つきやすさ，さらに，自分の子どもたちの行動や健康状態についてさえも，他人のせいにする。その事実を，私たちは本書を通してつぶさに見てきた。私たちは，人びとは痛手を乗り越え，愛による苦痛や落胆を克服したいと願うものであると信じたい。しかし，多くの要因が結びついて，その悲しみの状態を長引かせ，悪化させている現実を知った。私たちは，人びとが苦痛が和らげられることを求め，幸福，楽しみ，人生の喜びなどの目標を追い求めるものと期待していた。しかし，彼らは，しばしば，そのようには行動しない。それどころか，そうするのは正しくないとさえ主張するのである。

　喪失，死，悲嘆にたいして，人びとや地域社会が認めてきたドグマや定説が，その癒しの過程を妨げている現実を，私たちは見てきた。人びとが立ち直る可能性については，誤解や情報の不足があり，また，可能性についての気づきのレベルがひじょうに低いという現状もある。人びとは，手探りで，四苦八苦しながら進もうとする。ときには彼らを助けようとする人たちも，その悪戦苦闘を回復していく過程の一つとして，受け入れてしまっている。それは，むしろ絶望的な混乱状態から抜け出すための助けを必要としている徴候とみるべきなのである。

　多くの人は，情報により，ときには，情報の欠如によって妨害されるだけではない。彼らは立ち向かわねばならない心的外傷にたいして，当然のことながら無防備である。片親の死を受け入れようとしている子どもの情緒的反応を，どのように受けとめ，落ち着かせたらよいのかわからない親に，私はたびたび

出会ったことがある。彼らには，みならうべきお手本がまったくない。役に立つ情報もない。そのような混乱状態のなかで，しばしば自分自身の経験と蓄えた知恵をはたらかせることも，急激に変化する状況に前向きに取り組むこともできなくなる。その経験全体が一つの悪夢のようになり，それが，さらに心の不安定さと乱れの悪循環を引き起こすことになる。しかしこのような出来事とならんで，次のような人びとの存在に注目することも重要である。すなわち，彼ら自身は，いままで一度も危機を処理する必要に迫られたことがなく，自分自身を無能力で，無力だといつも思っていた。しかしある特定の危機に直面したとき，手際よくのり切ることができ，また，他の人が取り組むのを助けることもできたという人びとの存在である。したがって，過去のストレスをどのように克服してきたか，その人生を通して，精神力と人格的資質をどのように統合してきたかなどについて，人びとが取ってきた方法を私たちは探ろうとするが，これらの要因が，それ自体で結果を左右するものでないことは明らかである。

　ある特定の心的外傷が，一過性の混乱状態のほかに長期にわたる苦悩やその時点までは潜在していた神経症を引き起こす引き金になることがある。私たちは，法外な残酷さや度重なる喪失に耐えた後，ふたたび幸せに感謝しつつ，穏やかに生きてゆく力をとりもどした人びとを知っている。しかしその同じ人びとに一つの小さな出来事が起こり，それが長期にわたる苦悩の引き金となることもあるのである。彼らは次のように言うかもしれない。「神様が罰を与えていらっしゃるのだいう結論に達しました」と。中には一つの出来事が重い自己懲罰，失敗の感覚，自己軽視などを引き起こすこともあることに気づく人もいる。時どき，彼らは，ある内なる懲罰的な親と同盟を結んでいるかのように見える。また，時には，よい親が身近に存在したことがなく，または見つけることができないまま，未発達な懲罰的破壊性が抑制を失って，独り歩きしているように見える場合もある。

　愛を失うことが，自己の価値についての疑惑，孤独感，独力で対処する能力についての不確かさなどを生み，不安感を引き起こすことがある。ある場合には，それまでの関係で，依存が重要な要素となっていたために，自律の感覚が軽視され，自己能力への信頼が育っていないということもある。そして，この

関係が失われたとき，その依存性そのものが，直ちに過去の無力感，拒絶，不適切さの経験を思い出させ，恐れを呼び起こす。それはまた，何を「しなければならないか」，「してはいけないか」について，あるいは傷ついた人びとがもう一度幸せになるためには，何を持た「なければならないか」などについて，広い範囲に及ぶ不合理な要求を人びとに突きつけることもある。この無力感と傷つきの状態はきわめて深刻で，その解決策はとうてい見つからないだろう，どんなに努力しても無駄だろうと，人びとに信じこませるほどである。しかし，これとともに，「必ず誰かが助けてくれる」という逆説的な思いと，皆が助けてくれるだろうという期待感がたえずあることもまた事実である。この助けを待つ態度や実際のそのような生活の仕方はますます強くなり，しばしば頑固な習性となってしまうことがある。なぜなら，まわりの人たちが手を貸すことばかりを考え過ぎて，傷ついた人びとに新しい現実と，自分の能力に向き合うことを強要しないからである。それは，ちょうど幼児が十分に食事を与えられていれば静かによい子にしている場合と同じである。大人たちも，このような口唇的依存を，自分たちの実生活のフラストレーションや心的外傷にたいする反応のなかであらわにする。これは，回復の過程にとって，頑固で手ごわい障害となる。

　もし，私たちによりよい備えができていれば，私たちは皆，人生の危機にたいして，絆や愛着の風化や喪失にたいして，より上手に対処する態勢を保つことができるにちがいない。大体において，この50年間の心理学的研究や臨床的実践から多くの知識が得られているにもかかわらず，このよく知られた，避けられない喪失にたいし，系統立った思索や準備がほとんどなされていないのが現状である。まして不意に訪れる喪失や，強制による喪失にたいしては，私たちはよりいっそう無防備である。しかし，このための準備と予防に役立つ建設的な要因として，いくつかの経験が，今では容易に確認できるまでに至っている。

　私たちは，今では，自尊心，自己効力感，自律心，反発力などを植えつけ，それらを強化する経験や環境の重要さを認めている。これに取り組むための戦略については，すでにその多くを本書のそれぞれの章で提示した。対処行動（コーピング）の心理学によれば，私たちの心の傷をはじめ，悲嘆を表わす徴候，生理学的な障

害,人間関係上の心の乱れなどは,人びとが自分に課せられていると感じている要請が,それに取り組むための彼らの能力や彼らが自覚している能力と釣り合わなかったために生じる結果であると考えられている。適切な対処技術と戦略をもっている人の場合,発生した問題を途中で阻止し,自分の生活への影響をコントロールすることができる。それが健康に害を及ぼさないようにし,幸福感をくり返しおびやかす脅威にならないようにすることもできるという。この考え方は,一貫して楽観的な人間観を示すものである。また人生の問題や苦悩に対処するにあたって,人びとの反応が果たしうる役割についての積極的な見方を提示するものでもある。

人びとが,危機にたいする心の準備をし,それと取り組むのを援助するにあたっては,支援グループの存在と,人びとをとりまく環境の性質と内容が大きくものを言う。中には,これらのグループは,表面的には同情から援助したり,情報を提供したりしているが,実際には故人に敬意を表わすという形で,かえって悲しみや苦痛を長引かせている場合がある。このような経験が,新しい現実に適応することから全般的に逃避する行動はもちろん,ただ考えこむだけで,役に立たない反芻行動の引き金となるからである。支援グループの人たちが効果的に行動した場合,当事者の危機にたいする感じ方や,グループにできる援助の方策についての当事者の考え方を変えることができる。グループの人びとは自信を支え,取り組むための戦略や将来にたいする積極的な見方がつづくよう援助することができる。また,その人の満足,健康,幸福感に直接的に影響を与える。(Macnab, 1984)

※

人生にたいする態度や人生観は,悲劇的な出来事さえも,それを人生の価値を高める経験に変えてしまうほどの影響力をもっている。強靱で純粋な愛のなかには,それが失われたとき,満足と感動の源であったとみなされる愛がある。この場合,遺された人は,感謝の念,心の広がり,故人と愛情で結ばれた関係にあったことにたいする畏敬の念などを表わす。その愛は,不足面,葛藤,敵意といった感情を吸収し,整理して,人びとがその人間関係をより深いところで理解し,釣り合いのとれた見方をすることを可能にしてきた。その結果,その関係とその喪失は内面化され,整理されて,持続的で落ち着いた反応を呼び

起こしたのである。

「それはすばらしい経験でした……誰も逃したり，失ったりしたくない経験……でも私はその経験をすることができたのです……そうできたことを，どれだけ感謝しているか，言葉では言いつくせないほどです……でも，もう終わってしまいました。終わってしまったことを，何年間でも嘆くことはできます。でも，それでは，その衝撃は私への激励ではなくて，重荷になってしまいます。この経験全体が，私の人生の次の段階の重要な一部になってくれればいい。永遠の時の流れのなかで，あのほんの一時を分かち合えたというすばらしい経験であったという意味で，また，私たちのどちらかが，より高く登るために，山肌に足場を刻むことができたという意味です。」

このように，1人の人の死は，遺族，その周囲の人びとにとって，貴重なお手本になり，激励になるという積極的な意味をもっている。それは，その人が生きつづけていく環境と社会的基盤の重要な要素となるのである。

マージョリー・ピッァー（Marjorie Pizer）の詩，『愛の存在』（The Existence of Love）は，人との関係が与えられた贈り物であることへの私たちの気づきに焦点を合わせている。この贈り物を失ったとき，必然の成り行きとして，私たちは，その喪失をいたみ悲しむようになる。その悲しみは，その後の成長の歩みの過程で，私たちがその贈り物の深い意味をもう一度知るまでつづく。

　あなたの死は損失であり，破滅であると
　わたしはずっと思ってきた。
　悲嘆の苦しみは，耐えられそうもないと思ってきた。
　いま，やっと，わかり始めたところ，
　あなたの生命は贈り物だった，
　わたしに残された，日々豊かになる，愛に満ちた贈り物だったと。
　死の絶望が愛の存在を打ち砕いてしまった，
　しかし，死の事実は贈られたものまで破壊することはできない。
　わたしは，あなたの生命をもう一度見つめてみようと思う
　あなたの死と，あなたとの別れではなくて。

音楽，文学，瞑想，自然，空想などが心を癒し，回復をもたらす力をもつことがある。同じくマージョリー・ピッァーのもう一つの詩，『癒しのとき』

(*My Healing*) では，太陽の癒しの温かさについて触れている。

> わたしは周囲から引きこもり，独りわびしく座っていた，
> わたしの人生は廃墟そのもの，そして失敗だったと思いながら。
> わたしの心は空っぽ，わたしの存在そのものが完全に壊れてしまっていた。
> もう生きていようと，死んでいようと，どうでもよかった。
> わたしは独りぼっち
> 苦悩と寂寥のなかで。
> しかし，わたしが悲しげに地面に腰を下ろした時，
> 太陽がわたしに手を差し延べた，
> そして，わたしの顔に触れた，
> それから，わたしは癒されはじめた。

精神分析家であるハロルド・F・シアールズは，彼のお気に入りの童話を思い出している（Searles, 1985）。それは，彼が自分の子どもたちによく読んできかせていたという。愛すべきバニー爺さんは，死んだのち，美しい夕日になったという話である。この話には，自然の循環と結びついた生と死の楽しい過程が描き出されている。死にたいする見方や死んでしまった愛すべき人についての楽天的な希望，それは肯定的で力強く再生を願うものであるが，それらがこの話に織りこまれている。

心像は，それ自体，また，心理療法のなかで，系統立てて計画的に用いられる場合でも，心の痛手を癒し，未来へと私たちを導くものとして重要な役割を果たす。それは，大方の人が想像する以上にである。オリーブ・シュライナー（Olive Schreiner）の物語の心像は個人の理解をさらに広い文脈に結びつける。そうすることによって，喪失にもめげない強い期待感を伝えている（Luthman, 1982）。

> 「誰も到達したことのないこの地の果てまで，何のために私はきたのだろうか。
> ああ，私はたったの一人，ほんとうに独りぼっち。」
> 老人の理性が彼女に向かって言った。「静かに。何か聞こえませんか？」
> そこで，彼女は一心に耳を澄ました。そして言った。「足音が聞こえます。何千，何万もの足音が，こちらへ向かってきます。」
> 「あなたの後についてくる人たちの足音なのです。先達をつとめなさい！　水際まで道をつくるのです。あなたが今立っているあたりの地面は，何百万もの人た

ちに踏み固められて，平らになるだろう」と老人は言った。

彼はさらに言葉をつづけた。「バッタがどんなふうに小川を渡るか見たことがありますか。まず，最初の一匹が水際にくるが，流されてしまう。そして別の一匹がきて流される，それからまた一匹また一匹と続き，とうとう彼らの死骸の山で橋ができあがる。そして，残りのバッタがその上を渡るというわけだ。」

彼女は言った。「それなら，最初の何匹かのうちには流されてしまって，彼らの存在を知るものはいないのですね。彼らの死骸は橋をつくることさえもないのですね？」

彼は答えた。「流されてしまって，それっきりさ——それがどうだというのかね？」

「それがどうだと？」

「彼らは，水際へつづく道をつくる。」

「水際へつづく道をつくるですって！」

「私たちの死骸で建てられた橋を，一体誰が渡るのですか？」

「全人類さ。」と老人は答えた。

彼女は杖を握った。彼女が川に向かって暗い道を下って行くのを私は見た。（p. 14f）

ダンテは，恐ろしい地獄をさまようことが予想されたとき，彼の道連れ兼案内者として送られてきたヴィルジリオと出会った。ヴィルジリオは，ダンテを次のように元気づけた。

「さればわたしは，君がわたしの後に従ふことこそ，
最善の策とわきまへる。わたしが君の先達となり，
ここから君を永遠の場所へまづ案内しよう。
望み絶えた叫びがきこえ，呵責を受ける
いにしへの亡霊たちが見え，既に死んで
いるのに，もう一度死にたいとさえ願ふ輩の
屯する所へ君を案内しよう。」

ダンテはこれに答えた。

「あなたがいま語られたその場所へ私を
導き，聖ピエトロの門と，あなたの言
ふ酸鼻の極みの仲間たちを見せたまえ。」
うなづいて詩人は歩み出す。離れじと

私は従った。

(寿岳文章（訳）『ダンテ神曲 地獄篇』集英社，1974)

　宗教的な心像，信念，慣習，それに宗教的世界観は，多くの人びとに立ち向かう力を与え，自分たち自身や危機の理解の仕方，人生の現実への適応の仕方などを提供してくれる。おそらく大部分の人はそれをたとえ明確に口には出さなくても，「自分たちを超える何か」を何らかの意味で感じているのではないだろうか。彼らはそれを「神」あるいは「高い地位にいる人」と呼ぶかもしれない。また，神のイメージを人として，天国のイメージを場所として，天使のイメージを実際に手を差し延べてくれる者として使う人もいるであろう。次のように言う人もいる。「天国で私たちの父は安全です，そこで彼は以前よりも安楽な生活をしています。」またある墓地の墓碑銘に，「神様はもうひとりの天使を必要となされた」という言葉がある。

　しかし，これらの言葉や，それらが意味する保証に満足しない人びとも多いにちがいない。彼らは，三層構造の宇宙観（天国―現世―地獄）や，天使の文字通りのイメージなど求めてはいない。彼らが心の底から求めているのは，喪失と死に遭遇したときの癒され方についての考え方であり，J. D. サザランド (Sutherland, 1983) が，「人間のたいせつな自己表出的な要求」と呼んだものの一部となることである。宗教は，しばしば，人の依存性と恐怖を露呈している人間の弱さであるとみなされる。またそれは，楽しみを与えたかと思えば，逆に懲罰的行動を示すなど対立行動をとる親のような存在として，神を理解する幼稚な考え方であると考えられてきた。

　もう一つの宗教観では，生命を，最も高みにある最も神聖な大義とみなす。生命は，私たちすべてに与えられている。それは，私たちすべてが持つ権利というよりは，むしろ神秘と恩寵の特別の現われの分かち合いを意味する。つまり，私たちは，生命の一部であり，それに，何らかの貢献ができるということである。生命を利己的に吸収してもよく，また，無関心であっても，拒絶してもよい。その可能性，表現性，完全さを探求してもよい。それは，私たちの自由である。生ある者は，すべてそれに拘束される。「宗教」という言葉は，何かに結びつけられることを意味する。つまり私たちは，生命に結びつけられている。そして私たちは生命の源と完全さは神にあると言うのであるから，いわ

ば，私たちは神に結びつけられているのである。

　この拘束は自由をも意味する。つまり，生命を無駄にしようと，十分に利用しようと，それはその人の自由である。私たちは自分の最大限の可能性を探ろうとするとき，それが必然的に社会的，対人関係的文脈において，すなわち，「あなたと私」の関係において実現されることを知る。その関係においては，本物の対話，共存，期待，愛などが希望と人間の行動の最高の表現となる。

　それゆえ，愛のあり方は，恩寵の行為となり，同時に，私たちの反応性の課題となる。私たちは，喪失の苦しみから立ち上がり，その失った愛を思いやりと世話という新しい愛に転換していかなければならない。

14章　よりよい取り組み

　一枚の葉の端に宿る露のように，時の区切りを軽やかに踊るように生きなさい。

　　　　　（R. タゴール）

　回復するということは，どういう意味であろうか。それは，まったく普通のことが，再び出来るようになることである。何かよいことが起きた時には，よい気分になれること。未来に対し，希望を抱くことができること。日常の生活に心くばりができること。朗らかでいられること。自分自身に向き合って，心穏やかにいられること。

　　　　　（R. S. ヴァイス）

　ここまで，喪失と悲嘆について述べてきた。そのなかで私は，人間に与えられたこの嘆きと悲しみが，現在の心理療法の知識と実践により，その表出が大いに助けられ，癒しが加速されることがあるという見解を提示してきた。たしかに，喪失の経験は，人によって異なる。頼れる能力，知識，適応性，反発力が人によってちがっているからである。また，喪失の経験をとりまく客観的な状況も，当然人それぞれに異なった形で影響を及ぼす。子どもと大人とでは，その影響もちがってくる。実際の，あるいは，象徴的な環境が変わっても，同じ反応が再び誘発されることも認められている。

　長く待たれていた93歳の老人の死は，予期されていたもの，時を得たものとして感じられる。ときには遅すぎたものとさえ受けとめられるであろう。これに反し，6歳の少女が精神病の父親に殺された場合には，悲劇として受けとめられ，さまざまな人びとのあいだに，悲しみと苦痛の反応を引き起こす。技術と通信網の発達によって，戦場での死，集団虐殺，さまざまな自然災害による死などの報道が私たちの茶の間のまっただなかに飛び込んでくる。このような

時代においては，身近な家族の死にたいする反応はもちろん，これらのくり返される大量死にたいする私たちの反応も，必然的に混乱したものとなる。一方では技術というフィルターや，私たち自身の精神的不感症というフィルターのために，私たちは，現実の直視をまぬがれて無神経になっていく傾向がある。他方では，圧倒的な力の前でそのあまりの恐ろしさに打ちのめされ，人間がまったく無力であることに衝撃を受けるのである。誘拐，拷問，国家権力による流血事件などの場合には，犠牲者の家族は，他の場合とちがった特有の無力さと混乱の状態に置かれることになる。自分たちの愛する者がおそらく死んでいることは分かっている。でも彼らはそれを認めることを拒みつづける。そして自分たちで確かめることもできず，何の情報もないままに，やがて死亡したにちがいないと納得するようになる。しかし，この確信は，罪の意識を背負うことになる。なぜなら無意識のうちに死の願望と交錯するからである。そして，ついにその死の情報が確認されると，自分がその原因ではなかったかと彼らは恐れるのである。

　人びとが自分の状況を理解しようと試みるとき，イメージは強力な，むしろ強迫的な役割を演じる。その人が，どのように死んでいったか，その最後の数時間をどのように過ごし，最後に何を思ったかなどについてのイメージで，しばしば頭が一杯になってしまうことがある。これらのイメージは，それ以外の記憶を締め出す。悲しみに暮れる人は，これらのイメージ独特のきわめて狭い視野を通して，毎日の経験を見るようになってしまう。したがって，このようにたえずそれにまつわる気持ちを持ちつづけている人が，亡くなった人の声を聞いたり，その人の姿をちらりと見たり，魔術的な考えにのめり込んだり，亡くなった人をいろいろな形で理想化するようになるのは，それほど驚くことではないのである。

　このことは，人びとがその心のなかの思いとイメージを組み立て直すのを助ける方法に熟達した専門家 (Grief Workers) がますます必要であることを強調することになる。さらに，確信をもって言えることは，それは，同じように悲嘆にまきこまれた子どもたちの援助についても，当てはまるということである。一般的に，子どもには自分を支える十分な経験がない。自分自身の態度や信念の体系を発達させる時間もなかった。くわえて，内面の精神的安定はまだ

確立していない。注意深い支援がなければ，子どもは，ありとあらゆることを想像する。幽霊を見たり，話をでっち上げたりする。解決のなかなかつかないことを自分なりに決着をつけようとして，心のなかでその方策を細かく練り上げる。こうして子どもの心に「荒唐無稽な想像」が広がる。

　子どもでも大人の場合でも，それ以後の出来事や危機が，また，ある象徴的な出来事が，過去の苦悩や悲しみを再びよみがえらせることがある。こうしたケースは，話し合いや，ただ考えるだけでも起こりうる。私たちがこの苦悩や悲しみのよみがえる可能性を念頭に置くことによって，彼ら自身がそのことを予測し，実際に起きたときに，それに対処できるように，援助する方法を講じることが可能になる。このような心の準備や経験がない場合には，彼らは苦しみを乗り越えることはできない，立ち向かうことなどはできないと信じはじめる。また，別の新しい関係をもつ資格がない，気が狂うのではないかなどと考えはじめる。従来の喪の慣習では，人びとに混乱や無力感がくり返し起こるという側面が適切に認められていない。悲しみ反応にたいする特定のより系統的な管理の方法では，この点が確実に認識されることになるであろう。

　最近では，エイズの出現により，苦悩や悲しみの状況がさらに複雑さを増している。一般的にいって，社会がこの病気の現実をなかなか受け入れなかったことと，「万人の破滅」という考えを生んだ恐怖で社会が最初に怯んでしまったという経緯がある。この病気でもっとも影響を受けたのは家族である。愛情と憎悪に同時に揺れ動き，同情で心を痛めると同時に，恐怖とスチグマ(stigma)で憤慨するというように，その反応はきわめて混乱したものとなった。この病気で死の床にある者の仲間たちは，そのとき起こっていることを，そのまま受け入れたいと思うと同時に，それを拒否する行動をとる。エイズの場合も明らかに，その他の悲嘆の場合と同じように，起こっていることと，それにたいする人びとの反応とをはっきりと区別する必要がある。人は，状況とそれにたいする自分たちの反応をありのままに認めることができれば，それは選択と変化の出発点に立ったことになるからである。人は状況についてただくり返し話したり，自分の気持ちを表現したり，または，臨終が迫った人や亡くなった人に過度の思い入れを抱きつづける。しかしそれだけでは，新しい考え方や，心を整理し，堂々巡りに決着をつける新しい方法を発見し発展させてい

くという系統立った計画的な作業をすることはできない。エイズの犠牲者たちは，人びとの生活のなかで，恐怖がどのような役割を演じうるかを，おそらく私たちの誰よりもよく知っている。私たちは，恐怖というものを完全に取り除くことはできない。しかしそれに取り組み，その影響を制限する合理的な方法を発達させることはできるのである。

　どのような悲嘆に取り組む場合でも，人が，恐怖の及ばない聖域を提供してくれそうな，自分でつくりあげた安全地帯から，敢えて出るという危険を冒さないかぎり，その恐怖はそのまま残りつづける。その結果，その人たちの人生にたいする反応は損なわれることになる。

　喪失とその悲嘆は，それがどのような出来事や経験によって個人または共同体にもたらされたものであっても，扱いにくい複雑なストレスであることにはちがいはない。それは，複雑な肉体的，知的，精神的な苦痛へと個人や共同体を追い込む。もし人が喪失とその悲嘆がもたらす影響の進行を途中で食い止める能力を発達させていない場合，それは，安定感と健康，愛情と仕事，自尊心と自律性を乱す。その影響は，さらに機能的で，対処できる人間であるという意識，人間同士の楽しい相互関係，人間社会に刺激的な貢献をする能力などの破壊にまで及ぶこともある。

　人は誰でも喪失によって影響を受ける。人は誰でも悲嘆を経験する。かつては，悲嘆にたいしては，個人的で限定された対処法がとられてきた。しかし今では，喪失やその処理の仕方が短期的にその人個人の幸せと健康に影響を与えるだけではないこと，それらは，その人の全人生にわたって，態度や社会のなかでの役割にも影響を及ぼすことが，ますますはっきりと認められつつある。転居，他国への移住，離婚，死，葬儀など，これらすべては，日常茶飯事と見なされている。人びとは，それぞれに適応し，うまく折り合って生きていくと考えられている。

　しかし，それは現実からは程遠いと言わねばならない。その現実が要求する犠牲はきわめて大きい。家庭生活をはじめ，情緒的，心理的健全さ，身体的健康などが害されることになる。意気阻喪やうつ状態が生じ，未解決の問題が続出することもある。喪失とその悲嘆のなかで，順序立てて振舞うのを支援する効果的な教育や支援グループは不足している。このようなことが原因で，大き

な経済的損失が発生していることも事実である。

　喪失とその悲嘆による苦痛と煩悶の多くは，防ぐことができるはずである。しかし，この予防について関心を寄せる人は，まだ少ない。おそらく，大多数の人は，「私たちはうまくやっている」，「その時になれば何とかなる」，「そんなに大したことではない」と考えているのではなかろうか。また，事実の否認も一役買っている。さらに，死にまつわるシーンが，日常的にテレビに放映されるという社会的状況がある。しかも，これらの死が近親者や地域社会に与える心の痛みや外傷的混乱にたいして適切な手だてが取られないままにである。このことも無関心の傾向の発生に関与していると思われる。

　もし，何かを失ったり，悲嘆が生じたときには，誰か助けてくれる人が側にいるだろうというのが，多くの人が抱く考えである。つまり，どんな場合でも，何らかの助けがあるのがいつものことだ，というのである。しかし，人間はなかなか向上しないものである。すべての人間に影響を及ぼす問題の処理に関しては，世代が代わったからといって，私たちは，ほとんど，あるいはまったく進歩していないのである。

　喪失とその悲嘆に，よりよく対処するためには，教訓的な場面や経験的な状況から多くを学んだ大人たちに依存しているところが大きい。彼らはどのように愛着を形成し，そしてそれをどのように切るかを学んでいる。とくに，痛みや苦悩，それらの結果生じる反応などに対処するために，治療経験と知恵をどのように適用できるかを学んできた人びとである。彼らは，これら自分たちが学んだことを子どもたちのために用いる。この教育的全過程には，以前にはけっして与えられていなかった地位と優先権が必要である。現在の私たちの社会は，健康や健全さのもつ意味，十分に機能を果たす人間，可能なかぎり生きがいのある，刺激に満ちた人生を送りたいという切望などに，ますます鋭く注目している。このような流れは，今述べた教育的過程について，広く世のなかの関心を高め，その要請を喚起するのに役立つのではないだろうか。

　しかし，これらのプログラムを実行するための訓練を受けた専門家がいない場合には，この過程の進行は必然的に妨げられることになる。他の多くの訓練とは異なる治療者どカウンセラーの訓練の分野でも，喪失と悲嘆に直接関係のある心理療法に，ほとんど時間が割かれていない。ひじょうにめずらしい状況

（めったに遭遇しないような状況）にたいする治療学に関しての訓練は受けている，しかし，喪失と悲嘆に関連したもっとも一般的な心的外傷についての適切な治療学上の訓練はまったく受けていない，そういう精神分析家，治療者，カウンセラーに出会うことは，けっしてめずらしいことではない。私たちの社会のこの状況も，グリーフ・カウンセラーと自らを称する人びとが増えてくれば，変わっていくことができるかもしれない。その結果，その他の治療者やカウンセラーの訓練にも変化が生じるかもしれない。しかし，グリーフ・カウンセラー自身も，本書が提示した，多くの異なる問題にたいするより系統立った取り組みが可能になる手法を取り入れ，習得するために，まず身体の反応，カタルシス，従来のグリーフ・ワーク（悲しみの再体験）などについての先入観念から脱却する必要があろう。

　自分流の教育方法は失敗することになるであろう。この膨大な人間と社会の要求には，スーパーバイザーを伴う支援グループが確立され，それに教育過程が統合されることが必要である。このグループは，彼ら自身，学習グループに属し，特定の問題にたいして支援グループが担うことのできる役割について，意識を深めようとする人びとで構成されることになる。その人びとのなかには，兄弟姉妹のいない人や親を失った人びとにたいし，より深い感情移入ができることに気づく人もいる。また，ある特定の病でたいせつな人を失って悲嘆に暮れる人びとのための支援グループに，心を引かれる人もいる。すべての支援グループには，継続的なトレーニング・プログラムが必要である。さらに，グループの人びとは，私たちが関心をもつ喪失と悲嘆という特殊な領域に精通した専門家のリーダーと定期的に接触し，その指導を受ける必要がある。最高で最良の目的をもった悲嘆の支援グループが，すでにいくつか活動をはじめているのを私は見てきた。しかしそれらグループには適切な訓練と，継続的な指導が欠けていた。なかには，ある特定の視点や方法に思想的，感情的に傾倒していたり，教条主義的になったり，また，グループの発展が妨げられる危険をはらんでいるものもある。

　喪失と悲嘆にたいする取り組みが社会全体にたいしてもつ意味を認めた以上，私たちは葬儀産業にたいし，より厳しい目を向けなければならない。この10年のあいだに葬儀社の業界では，意義のある改革がおこなわれている。彼らは自

分たちの役割を見直し，目的を明確にし，スタッフのための訓練と支援を提供し，地域，教会，専門的な助援者を対象に，グリーフ・カウンセリングのセミナーを開講している。このような展開は，時宜を得たものであり，また評価されてもよいものである。葬儀社および葬儀産業全般にたいしては，葬儀をもっと合理的に管理するように地域社会を教育する方向にさらに進むよう励ます必要がある。このことは，人びとをいつまでも悲しみにゆだねておく習慣を打ち破るために，彼らがいっそう指導的役割を果たすことを意味している。

葬儀産業側としては，おそらく，それにかかわる原価と収益の変動について，筆者が取り上げることを期待しているかもしれない。これはすでによく知られている問題である。税金恐怖症が蔓延している時代には，政府がこの葬儀産業を接収しようなどと考えるはずはない。しかし，この産業界こそ，基本的な地域と社会へのサービスにかかわるべきである。この産業自体が業界のなかに倫理的な基準に重きをおいていない企業があることに気づいている。また，産業界の利潤追求の目的を見なおす余地もある。葬儀産業は，まさに成熟に向かって目ざましい飛躍をとげてきた業界である。地域へのサービスという点に十分な考慮を忘れることなく，非営利的地位を目指すことが可能であるように思われる。

医師と牧師が果たさなければならない役割は重要である。とくに引越し，別居，離婚，死別，そして，それらがもたらす新しいライフスタイルへの適応にかかわることなどがそれである。本書において，筆者は葬儀の内容を組み立て直す方法を提示した。しかし，医師と牧師には，地域の人びとが悲しみに対処するためのよりよい方法と，死に立ち向かうより成熟した態度を獲得することを助けるという現在進行中の役割がある。また，支援グループの確立に手を貸すことも彼らの役目であろう。

以上述べてきた役割や課題はひじょうに重要であり，また必要なものである。それらは，関心をもっていたり，率先して活動する特定の地方だけの問題として留めて置いてはならない。それらは，健康，幸せ，適応，生産性にとって最優先の関心事であり，医師や牧師がリーダーシップをとり，定期的にかかわっていかなければならない問題である。医師や牧師にたいする基本的な，そして継続的なトレーニングには，喪失とその悲嘆のさまざまな状況に取り組むため

の特定のプログラムやコースが含まれる必要がある。その作業のなかで，本書において提案した事柄が役に立つ内容になるにちがいない。

　すでに述べたように，私たちの総合的な関心事は，個人，家族，社会にたいして広範囲にわたって障害となる関係や結果を生む，一般化された悲しみの過程を越えること，喪失とその悲嘆にたいして，個々の特定の必要性や状況に焦点を合わせた，いっそうの知識に裏づけられた取り組みへと進むことである。私たちの総合的な目的は，人間の苦難，苦悩，苦痛を――賢明な戦略を立てて――できるだけ速やかに和らげることである。また，個人やその共同体が自分たちの態度や行動，ライフスタイルを形づくるのを助け，彼らの持っている強さや反発力を引き出すことである。それによって，彼らの健康と幸福感，世界観が保護され，また，可能な場合には高められて，彼らが再び人生の本流に立ちもどることを目指している。本書は，それに向って書かれた。

参 考 文 献

Bonime, W. "Anxiety: Feared Loss of Functional Effectiveness," *Contemporary Psychoanalysis*, 1981, 17, 1, pp. 69–90.

Cairns, D. *An Autobiography*, S.C.M.: London, 1950.

Capra, F. "Holistic Health — Holistic Peace," in Bliss, S. (ed.), *The New Holistic Health Handbook*, Stephen Greenes Press: Lexington, Mass., 1985.

Dante, A. *The Divine Comedy*, Penguin: Harmondsworth, England, 1982.

Deikman, A.J. *The Observing Self: Mysticism and Psychotherapy*, Beacon Press: Boston, 1982.

Firestone, R.W. *The Fantasy Bond — Structure of Psychological Defenses*, Human Sciences Press: New York, 1985.

Ford, C.V. *The Somatizing Disorders*, Elsevier Science Publishing: New York, 1983.

Frankl, V. *Man's Search for Meaning*, Washington Square Press: New York, 1963.

Freud, S. "Mourning and Melancholia" (1917) in *Collected Papers*, Vol. IV, Hogarth: London, 1940.

Furman, E. *A Child's Parent Dies*, Yale University Press: New Haven, Conn., 1974.

Horney, K. *Neurosis and Human Growth*, Norton: New York, 1950.

James, W. *The Varieties of Religious Experience: A Study in Human Nature*, Longmans, Green: London, 1902.

Kaufmann, W. *Without Guilt and Justice*, Peter H. Wyden: New York, 1973.

Kazantzakis, N. *The Fratricides*, Bruno Cassirer: Oxford, 1963.

Knight, M. *William James*, Penguin: Harmondsworth, England, 1950.

Kremen, H. and Kremen, B. "Romantic Love and Idealization," *American Journal of Psychoanalysis*, 1971, 31, 2, pp. 134–43.

Kushner, H.S. *When Bad Things Happen To Good People*, Pan: London, 1982.

Laing, R.D. *Wisdom, Madness, & Folly*, Macmillan: London, 1985.

Lankton, S.R. and Lankton, C.H. *The Answer Within: A Clinical Framework of Ericksonian Hypnotherapy*, Brunner/Mazel: New York, 1983.

Levenson, E.A. "A Perspective on Responsibility," *Contemporary Psychoanalysis*, 1978, 14, 4, pp. 571–8.

Lifton, R.J. "The Sense of Immortality: On Death and the Continuity of Life," *American Journal of Psychoanalysis*, 1973, 33, 1, pp. 3–15.

Luthman, S.G. *Energy and Personal Power*, Mehetabel: San Rafael, Calif., 1982.

MacLaine, S. *Dancing in the Light*, Bantam Books: New York, 1985.

Macnab, F.A. *Conflict and Stress, The Malcolm Millar Lecture in Psychotherapy* (1983), Aberdeen University Press: Aberdeen, Scotland, 1984.

Macnab, F.A. *Coping*, Hill of Content: Melbourne, 1985.

Marcus, H. and Nurius, P. "Possible Selves," *American Psychologist*, 1986, 41, 9, pp. 954–69.

Russell, B. *Autobiography of Bertrand Russell*, Allen and Unwin: London and Boston, 1967.

Sales, E. *et al.*, "Victim Readjustment Following Assault," *Journal of Social Issues*, 1984, 40, 1, pp. 117–36.

Searles, H.F. "Separation and Loss in Borderline Patients," *American Journal of Psychoanalysis*, 1985, 45, 1, pp. 9–27.

Seligman, M.E.P. *Helplessness*, Freeman: San Francisco, 1975.

Sutherland, J.D. "The Self and Object Relations: A Challenge to Psychoanalysis," *Bulletin of the Menninger Clinic*, 1983, 47, 6, pp. 525–54.

Tillich, P. *The Courage To Be*, Nisbet: London, 1952.

Tillich, P. *Systematic Theology*, Vol. 1, Nisbet: London, 1953.

Tillich, P. *Systematic Theology*, Vol. 3, Nisbet: London, 1964.

Wallerstein, J.S. "Children of Divorce: The Psychological Tasks of the Child," *American Journal of Orthopsychiatry*, 1983, 53, 2, pp. 230–43.

Wilber, K. *No Boundary*, New Science Library, Shambhala: Boston and London, 1979.

訳者代表あとがき

　本書は，Francis Macnab *"Life after Loss"* (Millennium Books, 1989) の全訳である。

　著者フランシス・マクナブ博士（アバデーン大学，Ph. D.）は，心理学者，心理療法家，牧師であり，現在オーストラリアのメルボルンにあるカーンミラー研究所所長を務められている。この研究所は1961年，同氏の手により創設された，心理療法士の養成，人間関係トレーニング，コミュニティ・サービスのための教育・実践施設であり，その規模は汎太平洋地域で最大を誇るものとして国外にも知られている。博士は多年にわたる実践体験から，ストレスとその対処法に関心をもち，近年は特に喪失体験に起因するストレスが関与した適応障害の問題にとりくんでいる。また牧師としての立場からも，人間の尊厳の問題に関心を寄せている。文芸の分野にも造詣が深い。著書や論文も多いが，そのなかには文学的リズムを感じさせる独自のタッチで述べられたものも少なくない。

　博士は現在，オーストラリア心理学会および英国心理学会の上級会員であり，心理学の国際組織の一つである国際心理学者会議（International Council of Psychologist）会長（1982）も務められ，海外での研修，講演活動も活発に行なっておられる。異文化への関心も高く来日は四度になる。1990年国際心理学者会議（於東京）で来日した折には，日本でこの種の研究に造詣の深いデーケン博士（上智大学）とも面談した。本書の翻訳の話はその折に持ち上がったものである。

　そこで，当該国際会議に出席したお仲間と話し合い，分担訳をすすめることにした。幾度かにわたり慎重な話し合いを重ね，専門用語の使用等，基本的なところは一致をみたものを採用した。文体については，もともとの博士の文体がユニークなため，担当者の感性とオリジナリティを生かすことにした。なお，翻訳分担は以下の通りである。

序，6章　　福原眞知子
1章―5章　田中祥子
7章―10章　佐々木由利子
11章―14章　仁科弥生

　人間の一生に喪失体験はつきものであるが，これは人が経験するもののなかでも大きな痛手であり，ストレス源になるといわれる。それらには，親，兄弟，姉妹，夫，妻，子ども，家族，親友との離別や死別，また自らの身体や資質の一部の喪失，私財の喪失などがある。いずれも当事者がそれをどのように受けとめるかによって，その体験がその人に与える打撃の度合いはそれぞれ異なろう。
　いずれにしろ，それはその個人の心的外傷体験としてストレス源となる。ある人はそれに対処することもなく，いつまでもその外傷を引きずって生きる。これはその人の人生やそこにおける幸福を妨げる。
　本書ではこのような心的外傷体験において，人がどのように痛みを訴え，感じ，考え，そして対処していくか，その過程を多くの事例をあげて説明している。文化が異なれば，宗教，生活様式(ライフスタイル)，習慣等，異なるのは言うまでもない。そこでは，人びとの感じ方，考え方，表現の仕方，行動の仕方等，異なることも多いだろう。博士が提供するさまざまな問題は，まずは人間の共通部分にはたらきかけるものとして，さらにその異質部分をも考える材料を提供してくれているように思う。

　私事ではあるが，マクナブ博士とは前述の国際会議に属しているという関係から十余年にわたり公私の付き合いをさせていただいている。この間1988年には，オーストラリアで開催された国際心理学会（International Congress of Psychology）の大会シンポジウムで，スピーカーとして席を同じくした。また，彼の愛娘の結婚式に招かれ，彼のスピーチの代読をするという栄誉にも浴した。令嬢のアイオナさんは日本青年と結婚し，日本での挙式（のちにオーストラリアでも挙式）に彼が出席できなかったためである。博士の人柄は一言でいえば，感性豊かな国際人である。切れ味が鋭いなかにも人間味に溢れ，これ

が人を引き付けるところであろうか，国際会議においても人気が高い。華奢で小柄な身体には万華鏡のようにエネルギーがきらめいている。最近の主要図書で翻訳されているものには，『ストレス・マネジメント』（祐宗省三武庫川女子大教授監訳，北大路書房）がある。

　本書の共訳者はたまたま皆，津田塾大学の同窓生であるが，翻訳の過程で私は，単科大学である塾の卒業生の多くが，その後さまざまの分野に関心を寄せていることを知った。そして〝人間″にかかわる研究／実践には，学際的視野が必要になることを改めて認識した。

　これも蛇足になるが，共訳者は近ごろ，父親を，あるいは母親を，姉を，また自らの身体のたいせつな一部を失うという喪失の苦悩を体験した。あらためて原著者の述べるところを再体験した次第である。

　最後になったが，本書の出版にご賛同くださり，精力的に取り組んでくださった川島書店の加清鍾専務と編集部の杉秀明氏に感謝申し上げる。

　1994年　残暑

訳者代表　福原眞知子

訳者代表紹介

福原眞知子（ふくはら・まちこ）
教育学博士（東京大学）
日本マイクロカウンセリング学会会長
NPO法人 心理教育実践センター理事長
常磐大学名誉教授　臨床心理士
国際心理学者会議前会長
国際応用心理学会フェロー

喪失の悲しみを越えて　新装版

1994年10月31日　第1刷発行
2019年 1月21日　新装版第1刷発行

訳者代表　福原眞知子
発行者　中村裕二
発行所　（有）川島書店
〒165-0026
東京都中野区新井2-16-7
電話 03-3388-5065
（営業・編集）電話 048-286-9001
FAX 048-287-6070

© 2019
Printed in Japan

印刷・製本　（株）シナノ

落丁・乱丁本はお取替いたします　　振替・00170-5-34102
＊定価はカバーに表示してあります
ISBN978-4-7610-0933-5 C3011

マイクロカウンセリング

A.アイビイ 福原真知子・椙山喜代子・國分久子・楡木満生 訳編

カウンセリング学習のための"メタ・モデリング"の理論と技法を開発してきたマイクロカウンセリングの3冊の原著から，カウンセリングや心理療法の諸理論や概念の統合的技法を編み出した，いま最も注目されている技法の入門―紹介書。　　　　　★A5・266頁 本体3,200円
ISBN 978-4-7610-0329-6

マイクロカウンセリングの歩みと展望

福原眞知子 監修・編集　日本マイクロカウンセリング学会 編

マイクロカウンセリングの創設者アイビイ博士と共同研究者である福原博士が設立した研究会（現学会）が行ってきた研究会・研修会での成果を編集した記録集。全巻を通してマイクロカウンセリング学習のプリンシプルである"学ぶ―使う―教える"を紹介。　★B5・370頁 本体2,800円
ISBN 978-4-7610-0846-8

マイクロカウンセリングの展開

福原眞知子 監修・編集／日本マイクロカウンセリング学会 編

マイクロカウンセリング学習のプリンシプルである，"学ぶ―使う―教える"というスタイルを紹介するとともに，マイクロカウンセリングの基礎と実践の展開を提供する。学会が行なってきた公開研究会／研修会での成果を編集した貴重な資料・記録集。　★B5・448頁 本体3,800円
ISBN 978-4-7610-0883-3

森田療法に学ぶ

豊泉清浩 著

森田療法は，神経症克服のための技法として，わが国独自に発展をとげた精神療法であるが，本書は，著者自身の森田療法体験（日誌）を軸にして，森田療法から学ぶべき考え方と生活法が簡潔にかつ滋味豊かに述べられ，読者は生き方に役立つ指針を与えられよう。　★四六・182頁 本体1,900円
ISBN 978-4-7610-0832-1

どんなことがあっても 自分をみじめにしないためには

A.エリス 國分康孝・石隈利紀・國分久子 訳

カウンセラーの所へ相談に行くほどの悩みではないが，いつも心にひっかかって，いまいち人生が楽しくないということがよくある。常にすっきりしないみじめな自分や，不幸な自分から脱却する自己変革法・自己説得法である論理療法の実際的なガイドブック。　★四六・320頁 本体2,500円
ISBN 978-4-7610-0569-6

川島書店

http://kawashima-pb.kazekusa.co.jp/　（価格は税別 2017年12月現在）